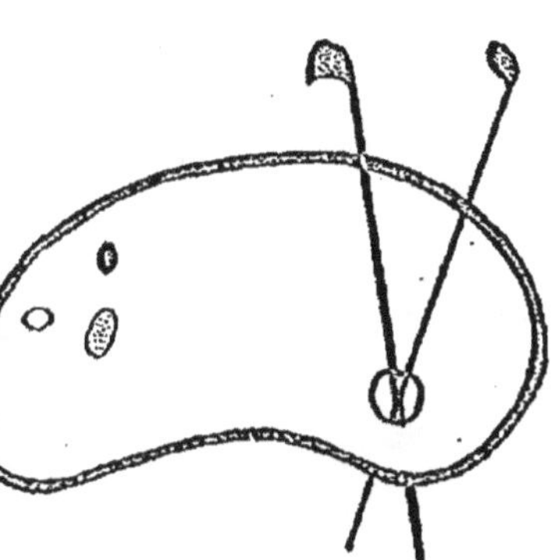

DEBUT D'UNE SERIE DE DOCUMENTS
EN COULEUR

Couverture inférieure manquante

L'ASIE CENTRALE

LA QUESTION DU DESSÉCHEMENT DU GLOBE

PAR

A. BOUTQUIN

Inspecteur de direction
à l'Administration centrale des Télégraphes de Belgique,
Collaborateur à la Revue *Ciel et Terre*.

BRUXELLES

M. WEISSENBRUCH, IMPRIMEUR DU ROI

ÉDITEUR

49, RUE DU POINÇON, 49

1910

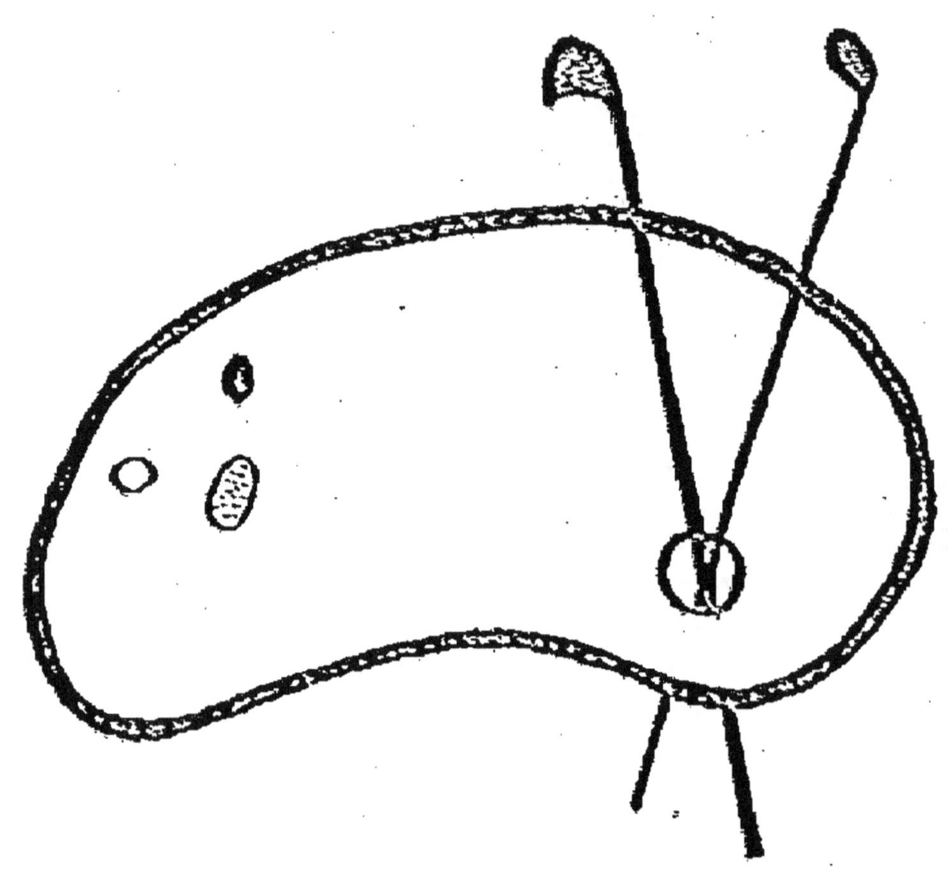

FIN D'UNE SÉRIE DE DOCUMENTS
EN COULEUR

L'ASIE CENTRALE

—

LA QUESTION DU DESSÉCHEMENT DU GLOBE

DU MÊME AUTEUR

Le Monde physique. Bruxelles, 1905, 1 vol. in-8º de 625 pages.
(Épuisé.)

(La seconde édition, revue et augmentée, est en préparation.)

De l'emploi des appareils de télégraphie sans fil pour l'observation des courants atmosphériques. Bruxelles, Société belge d'Astronomie, 1907, brochure grand in-8º de 16 pages.

L'Astronomie ancienne dans l'Inde. Bruxelles, M. Weissenbruch, 1908, brochure in-8º de 36 pages.

L'ASIE CENTRALE

LA QUESTION DU DESSÉCHEMENT DU GLOBE

PAR

A. BOUTQUIN

Inspecteur de direction
à l'Administration centrale des Télégraphes de Belgique,
Collaborateur à la Revue *Ciel et Terre*.

———

BRUXELLES

M. WEISSENBRUCH, IMPRIMEUR DU ROI

ÉDITEUR

49, RUE DU POINÇON, 49

1910

L'Asie centrale attire vivement l'attention depuis une trentaine d'années. Géographes, archéologues, naturalistes, géologues, ainsi que tous ceux qui s'occupent de la climatologie et de la physique du globe terrestre y trouvent un vaste champ de recherches, dont quelques parcelles sont à peine défrichées, bien que de très nombreux et de remarquables travaux aient déjà été publiés sur cette partie de l'ancien continent.

Il ne s'agit pas seulement de l'étude et de la description de cette vaste région au point de vue géographique proprement dit, de mettre au jour les vestiges des anciennes civilisations disparues, de relier le passé au présent et de reconstituer les mailles de la chaîne historique qui unit les peuples de l'Eur-Asie. Un problème s'y pose, inquiétant pour l'avenir : l'Asie centrale se dessèche, à en croire les explorateurs.

La dessiccation a été constatée sur d'autres parties de la surface de notre globe, affirme-t-on, dans le centre de l'Australie, en Afrique, dans l'Amérique du Nord comme sur les hauts plateaux qui bordent la Cordillère des Andes, dans l'Amérique du Sud, et même en Europe, mais dans une proportion moindre.

Ce phénomène est-il bien établi, quelles en sont les causes et la portée exacte, tend-il réellement à se généraliser? Notre globe entre-t-il dans une phase particulière de son existence, quelle en est l'allure, lente ou rapide? N'est-ce qu'une crise passagère ou sommes-nous en présence d'un état de choses durable?

Nous nous proposons d'exposer quel est l'état de la question pour ce qui concerne l'Asie centrale, d'après les récits des explorateurs et les travaux publiés depuis environ cinq ans, mais sans nous astreindre à suivre l'ordre chronologique. Ajoutons, en passant, que les rivalités et les compétitions politiques ont, plus d'une fois, arrêté ou entravé les investigations scientifiques. Il est vrai que, d'autre part, elles ont aussi provoqué l'envoi de missions qui ont toutes, directement ou indirectement, apporté leur part de documentation ou d'observations. Bon nombre de pays d'Europe ont coopéré aux recherches qui se poursuivent. Les Etats-Unis mêmes ne sont pas restés étrangers à ce mouvement, et, par l'entremise ou aux seuls frais de la *Carnegie Institution*, plusieurs expéditions, conduites par des savants américains, ont été organisées.

I

OROGRAPHIE GÉNÉRALE.

La région dont nous voulons surtout nous occuper, s'étend approximativement : en longueur, entre les méridiens 74°, à l'est du lac Kara (Kara-kul) (¹) et, dans le désert de Gobi, 110° Est de Greenwich, soit sur un espace d'environ 3 300 kilomètres; en largeur, entre les parallèles 30° (au nord de l'Himalaya), et 42° (Monts Tian-Shan, et leurs prolongements vers l'Est), de latitude Nord, soit sur environ 1 300 kilomètres. Sa superficie totale est donc de 4 300 000 kilomètres carrés. (Voir carte 1.)

Politiquement, elle comprend une partie du Turkestan russe, le Turkestan chinois, une partie de la Mongolie, et le Tibet (ou Thibet). On y trouve, au Nord et se faisant suite de l'Ouest vers l'Est, dans le Turkestan chinois, les déserts de Takla-Makan et de Kum-Tagh, et, dans la Mongolie, celui de Gobi (ou Shamo); au sud de ces déserts, la vaste étendue aride, désolée, de haute altitude du Nord et du Centre tibétains.

Dans nos contrées, un espace de même superficie serait limité, au Nord et au Sud, respectivement, par les parallèles 55° et 43° de latitude Nord; à l'Ouest et à l'Est par les méridiens 10° Ouest, et 36° Est de Greenwich. Il comprendrait

---

(1) Kul (prononcer koul) = mot tartare qui signifie littéralement « sac ». Appellation pour désigner les lacs, les baies, les embouchures des cours d'eau affectant la forme d'un sac.

les Iles Britanniques, le golfe de Gascogne, la France, la Suisse, le nord et le centre de l'Italie, l'Autriche-Hongrie, la Serbie, la Bulgarie, la Roumanie, l'ouest de la Mer Noire, le sud-ouest de la Russie, l'Allemagne, une partie du Schleswig, la Hollande, la Belgique et le sud de la Mer du Nord.

Si nous envisageons pareil espace situé aux latitudes égales à celles de l'Asie centrale, nous verrons qu'il correspond à celui occupé par la plus grande partie du bassin de la Méditerranée et des pays que cette mer baigne.

L'orographie générale et la tectonique de l'Asie centrale doivent, d'abord, fixer notre attention, parce qu'elles ont une influence marquée sur les conditions climatériques et d'habitabilité.

Avant 1875, les cartes n'en donnaient qu'une représentation fort imparfaite. Toute l'Asie centrale était figurée par des plaines entrecoupées de chaines de montagnes s'incurvant, en demi-cercle, les unes dans le sens des méridiens, les autres dans le sens des parallèles. On obtenait ainsi un réseau bien régulier, mais qui ne répondait en rien à la réalité. Comme le dit Suess : « il n'y a pas trace, à la surface du globe, d'aucun arrangement géométrique ; le dessin des chaines (de montagnes) comme celui des contours océaniques, présente des irrégularités dont l'origine ne doit être rattachée qu'à quelque dissymétrie primitive et accidentelle... » (1)

Les cartographes s'étaient bornés, jusque là, à reproduire les tracés de l'illustre von Humboldt qui, pour l'élaboration de son grand ouvrage consacré à l'Asie centrale, s'était servi des anciennes cartes chinoises, à peu près les seules connues de son temps. Les publications des savants

---

(1) Suess, *Das Antlitz der Erde.* (LA FACE DE LA TERRE. Traduction française, t. I°, préface IX. Paris, 1897.

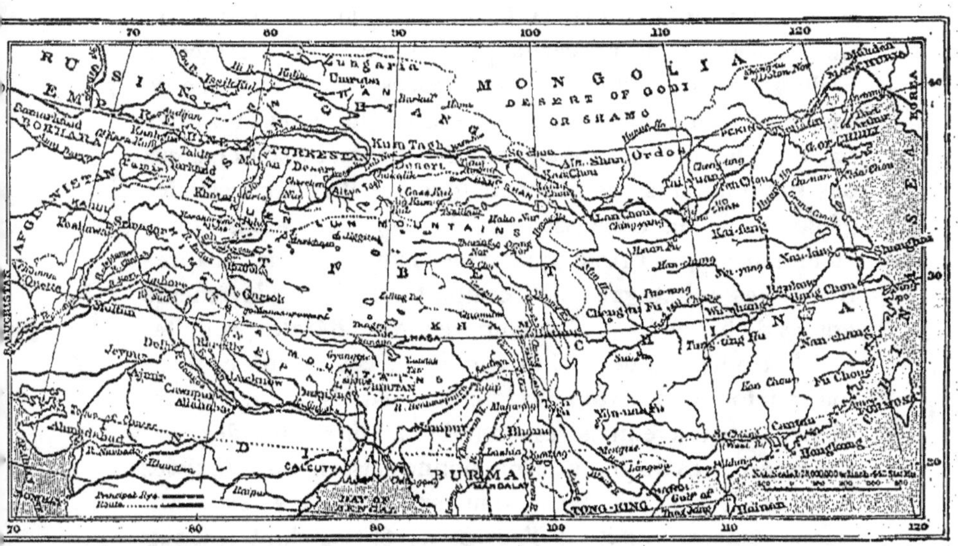

Principal Rys = principaux railways.
La route représentée par un gros trait noir, est celle suivie par le Major Bruce dans son voyage de Leh à Pékin en 1906-1907.
1 Statute mile ou mille légal anglais = 1609 mètres.
Echelle de 400 milles = 644 kilomètres.

russes de la seconde moitié du XIXᵉ siècle, les levers topogra·
phiques exécutés pendant ces derniers temps, les recherches
géologiques vinrent corriger les conceptions antérieures.

La haute chaîne de l'Himalaya ne paraît pas jouer, par
rapport à « *l'ensemble* » de l'Asie centrale, le rôle que certains ont cru pouvoir lui attribuer. La configuration générale et la situation continentale des immenses contrées
situées au nord de ses contreforts, sont plutôt à considérer.
Ce qui leur donne un cachet particulier et leur caractère
véritable, c'est qu'elles sont constituées par un système de
vastes plateaux, surélevés à des étages différents et bordés
par des chaînes de montagnes. Des poussées souterraines
ont produit dans des aires étendues, à diverses périodes
géologiques, un exhaussement du sol, plus intense dans
l'une partie de l'Asie que dans l'autre. Mais, d'après
Suess, les montagnes ne résultent ni de soulèvements
opérés de bas en haut, ni de compressions latérales produites
par l'introduction de roches éruptives; ces dernières n'ont
joué partout que le rôle d'éléments « passifs ». Ce sont les
plissements tangentiels résultant de la contraction des parties extérieures du globe qui ont donné naissance aux longues
rangées de plis qui se poursuivent à travers les continents d'une extrémité à l'autre; ils ont soulevé les plus
hautes montagnes de la Terre et « tous les géants des
grandes chaînes de l'Asie intérieure » (1).

Nous reproduisons ici une partie de la carte de l'orographie de l'Asie centrale dressée par Kropotkin. Elle montre
bien cette succession de hautes terrasses et de leurs bordures de montagnes (carte 2.) Celles-ci, et leurs ramifications principales, s'appuient en général, d'une part, sur la
terrasse la plus élevée en présentant les pentes abruptes,
raides, tandis que les escarpements opposés descendent

---

(1) Suess, *La face de la terre*. (ouvrage cité) t. Iᵉʳ, p. 822.

Carte gororaphique de l'Asie centrale d'après P. Kropotkin.

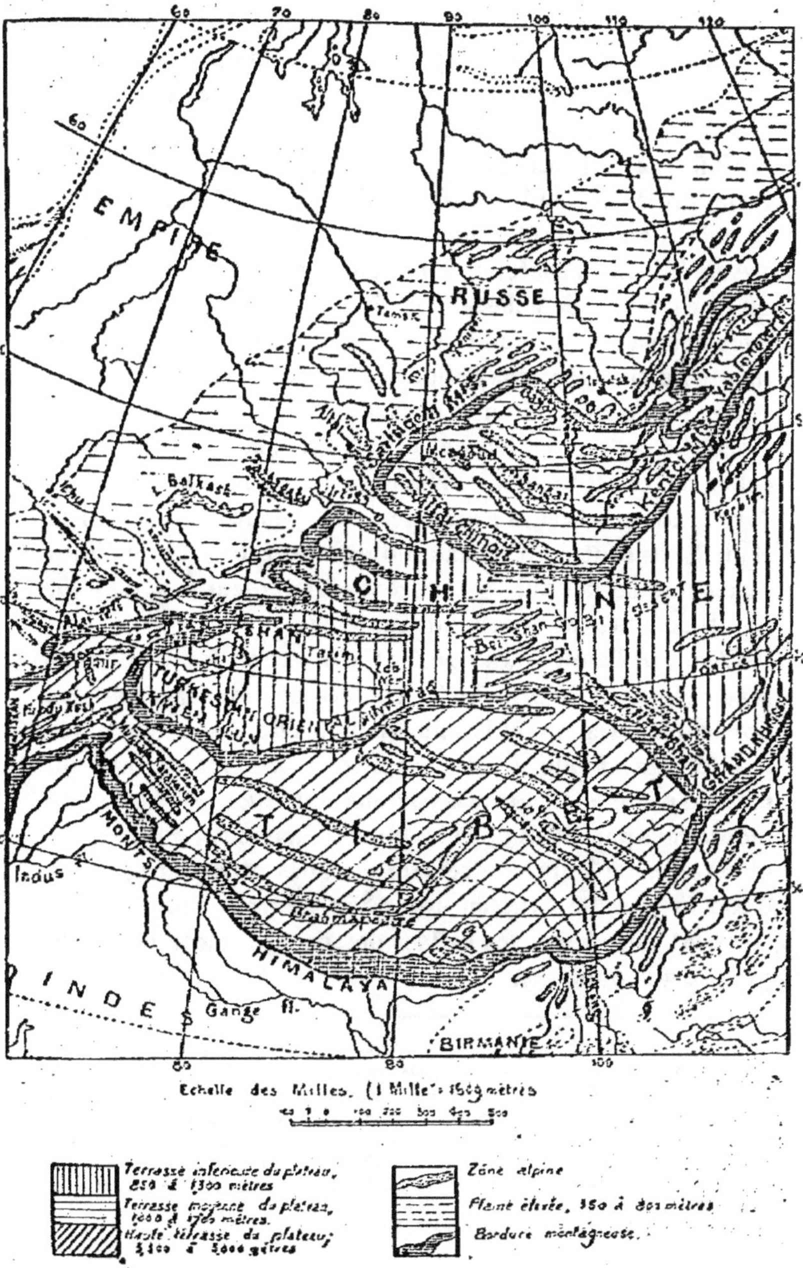

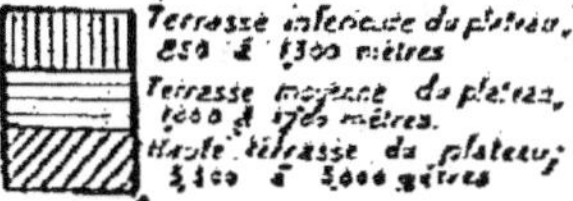

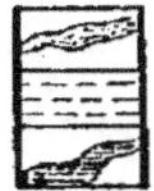

jusqu'à la terrasse voisine inférieure ([1]). Sauf quelques déviations locales, les hautes bordures montagneuses suivent la direction Sud-Ouest vers le Nord-Est, ou de l'Ouest-Nord-Ouest vers l'Est-Sud-Est.

Enfin, les différentes terrasses du plateau de l'Asie centrale, et de celui qui, moins élevé, lui fait suite vers l'Ouest et qui s'étend jusqu'à la mer Noire en comprenant la Perse, l'Arménie et l'Anatolie, sont coupées par des montagnes, ou des chaines détachées, constituant des zones alpestres, avec des vallées profondément encaissées, mais ces plissements ne changent pas l'allure générale du plateau.

Par contraste, citons, à côté, les contrées du Nord — Sibérie et dépression de la région Caspienne-Aral, — et celles qui constituent la Mésopotamie, l'Inde, la Chine, la Mandchourie et leurs prolongements péninsulaires vers le Sud. Elles sont à un niveau moyen assez bas ; les collines ou les montagnes qui s'y trouvent n'atteignent pas, de loin, l'altitude des géants des plateaux élevés.

C'est au Pamir que viennent converger les deux plateaux élevés et les principales chaines de montagnes qui les bordent. La région du Pamir, ou plutôt des Pamir, nommée le « toit du monde », ne peut être considérée comme un plateau car elle est formée par une suite de cinq chaînes de montagnes parallèles dont les cimes dépassent 5 000 mètres, et certains de leurs contreforts éloignés atteignent 7 000 à 8 000 mètres (le Mus-tag-ata 7 860 mètres) ; leur rapprochement est tel que les vallées ont encore une altitude de plus de 3 000 mètres.

---

(1) Prince KROPOTKIN, *The orography of Central Asia.* (GEOGR. JOURN. London, t. XXIII, 1904). Il fait observer que l'expression de « plateaux élevés », appliquée à l'Asie centrale, est employée faute d'en trouver une meilleure sur laquelle on soit d'accord. Elle évoque l'idée de « plaines », quoique ce ne soit pas, à vrai dire, des plaines. Les géologues américains ont proposé de les nommer « pénéplaines, » terme qu'ils emploient encore, mais celui-ci n'a pas été consacré, jusqu'ici, par l'usage. Les géographes russes donnent aux plateaux élevés asiatiques le nom de « soulèvements massifs » ou, encore, de « terrasses ».

Dans des ouvrages russes, on imprime P. Krapotkin.

Au sud des Pamir se détache l'énorme chaîne des monts Himalaya. Négligeant, pour l'instant, les chaînes qui s'enfoncent dans le Tibet occidental, nous rencontrons, en bordure, les monts Kwen-Lun (Kouen-Loun), l'Altyn Tagh et le Nan-Shan qui va rejoindre les monts du Grand-Khingan, à l'est du désert de Gobi. Entre l'Himalaya et cette bordure de haut relief, est situé le Tibet dont le niveau général n'est pas inférieur à 3 500 mètres, mais certaines terrasses se trouvent à 4 500, 5 000 et même 5 200 mètres d'élévation, c'est-à-dire à une altitude égale, ou supérieure, à celle du Mont Blanc.

Au delà de la dite bordure du Kwen-Lun et de l'Altyn Tagh, s'étendent à nouveau de vastes espaces en terrasse qui vont jusqu'aux contreforts du Tian-Shan et de ses prolongements vers l'Est. Ces terrasses servent d'assises à l'immense région désolée du Turkestan chinois et d'une partie de la Mongolie, comprenant les déserts de Takla-Makan, de Kum-Tag et de Gobi. Son altitude est inférieure à celle de la terrasse tibétaine et varie entre 800 et 1 200 mètres.

Des roches d'origine volcanique apparaissent dans les chaînes ou chaînons du Tian-Shan (ainsi que dans les monts Alaï qui leur font suite à l'Ouest), mais elles n'appartiennent pas à l'époque géologique actuelle. Elles sont les restes de volcans anciens, remontant à l'époque tertiaire, c'est-à-dire antérieure à la période présumée de l'apparition de l'homme. Mais Humboldt avait admis l'existence, dans le Tian-Shan, de volcans et de solfatares, en se fiant aux sources chinoises. En réalité on avait simplement constaté des incendies spontanés de couches de houille jurassiques.

Après de Humboldt, on a même pu croire que toute l'Asie centrale était, ou avait été dépourvue de volcans, du moins depuis l'époque de l'apparition de l'homme.

Les récentes explorations de G. Bonvalot, du prince Henri d'Orléans, de R. Littledale, de Dutreuil de Rhins et de F. Grenard ont mis hors de doute que dans le nord du Tibet, entre 87° et 90° longitude Est (Greenwich) et 33°50' et 36° de latitude Nord, il a existé de véritables volcans, qui paraissent même nombreux. [1]

Telle est, dans ses grandes lignes, l'orographie de l'Asie centrale. On se rend compte que les conditions climatériques doivent y être tout autres que dans l'Europe centrale.

Celle-ci est relativement rapprochée d'un océan et de mers, ce qui contribue déjà à niveler, en quelque sorte, les écarts extrêmes de température. L'Asie centrale, au contraire, est loin de tout océan, et de hauts massifs montagneux s'interposent. Première cause de différences fondamentales entre les deux régions.

L'Asie centrale représente le type renforcé du climat continental, où l'on passe d'un extrême de température à l'autre. Nous verrons, plus loin, que l'échelle de ces variations brusques dépasse tout ce qu'on peut imaginer lorsqu'on s'en tient aux observations faites dans nos contrées, même en Suisse, dans la Haute-Bavière, ou dans le Tyrol.

Une seconde cause influe profondément sur le climat : c'est l'altitude moyenne si élevée des hautes terrasses du Centre, ce qui tend à rendre ces variations encore plus sensibles.

En Europe, l'altitude des plus hautes vallées habitées, celles de Davos et d'Arosa, dans la Haute-Engadine (Suisse), ne dépasse pas respectivement 1 500 et 1 800 mètres. Combien de fois, au cours des nombreuses observations que nous y avons faites pendant les mois d'hiver, ou au printemps, n'avons-nous pas enregistré des écarts de tempéra-

---

[1] Motchattov (Muchketoff). Turkestan. *Description géologique et orographique basée sur les données recueillies de 1871 à 1880.* Saint-Pétersbourg, tome 1er, 1886; Suess, *La face de la Terre* (ouvrage cité). Tome 1er, p. 615.

ture si considérables, à quelques heures d'intervalle, selon qu'on se trouvait au soleil ou à l'ombre, que nous, habitant des plaines, nous nous serions refusé à y croire si les indications des instruments n'avaient levé tout doute! Et, dans la région asiatique que nous étudions, l'altitude d'une grande partie des plateaux est deux ou trois fois supérieure à celle des plus hautes vallées de l'Helvétie! D'autres causes interviennent, entre autres le déplacement de l'air; nous y reviendrons dans la suite.

Nous aborderons maintenant l'examen plus détaillé des régions principales de l'Asie centrale, en commençant par le Tibet. Viendront ensuite le Turkestan chinois, le désert de Gobi et le Turkestan russe. La discussion des phénomènes de desséchement suivra, puis nous conclurons. Mais avant, et en tenant compte de l'actualité, nous voulons parler de la dernière exploration dans le Tibet du célèbre voyageur suédois Sven Hedin.

II

LE DERNIER VOYAGE DE SVEN HEDIN.

Sven Hedin vient d'accomplir son cinquième grand voyage dans l'Asie centrale. Le précédent, commencé en juin 1899 et terminé en juin 1902, a fait l'objet de plusieurs ouvrages populaires. Les résultats scientifiques en ont été publiés dans cinq volumes rédigés avec l'aide de collaborateurs, spécialistes dans le domaine de la physique du globe et de l'histoire naturelle, qui ont mis en œuvre les matériaux recueillis par le hardi explorateur. ([1]) Celui-ci est surtout géographe, mais c'est un observateur perspicace, conscien‑ cieux et dont l'attention est toujours en éveil; il n'était accompagné d'aucun autre savant dans ses explorations.

Sven Hedin a commencé son dernier voyage en 1906. Par une lettre adressée au *Geographical Journal*, à Londres, et datée de Shigatsé (sud-est du Tibet) le 20 février 1907, il a donné quelques détails sur ses découvertes, lesquels ont été complétés récemment par deux articles parus dans le *Harper's Monthly Magazine* (Londres. Numéros d'août et de septembre 1908). Nous en extrayons ce qui se rapporte le plus directement à notre sujet ([2]).

Il a traversé le Tibet septentrional (qui porte en chinois le nom de Chang-tang ou Khatchi) au milieu de l'hiver,

---

([1]) L'ouvrage porte le titre : *Scientific results of a journey in Central Asia*. Il a été édité à Londres et à Leipzig (1903 1906).

([2]) Depuis lors, Sven Hedin est rentré en Europe et il a donné plusieurs conférences sur les résultats de son voyage.

avec sa caravane composée d'hommes éprouvés. Il perdit tous les animaux du convoi, mais pas un seul homme. De ses trente-six mulets (payés 200 roupies chacun), un seul a résisté; de cinquante-huit poneys, cinq seulement ont survécu, encore étaient-ils réduits à l'état de squelettes. Il dut les abandonner à son arrivée à Shigatsé.

Sven Hedin traversa ainsi le Tibet en diagonale, du Nord-Ouest au Sud-Est, et il atteignit Shigatsé environ six mois après son départ de Leh (voir carte 1). Pour atteindre les hauts plateaux, il dut traverser un col de 5 943 mètres d'altitude (probablement la passe de Tchang-Long) à quelques kilomètres seulement de Chang-loung-jogme.

Sur les hauts plateaux de Ling-zi-Thang et d'Aksaï-Chin, il trouva de l'eau, mais après de longues marches, et chaque jour de l'herbe excellente. Plus loin, les difficultés commencèrent et la caravane fondit de jour en jour. Elle passa la Noël à Dumbok-tso; le froid y était intense, le thermomètre descendit à —35° centigrades.

Poursuivant sa route vers le Sud, il traversa la région entre le Ngangtsé et le Tsangpo par plusieurs cols, dont cinq ouverts à l'altitude de 5 700 mètres et cela par des tempêtes de neige et un froid cuisant. La première passe élevée franchie est le Sela-la; elle est située dans la gigantesque chaîne de montagnes, l'une des plus hautes de l'Asie et même de la terre, qui forme la ligne de partage entre le Ngangtsé-tso et le Dangrayum-tso d'une part, et le Brahmapoutre d'autre part.

Cette énorme chaîne est restée ignorée de tous les explorateurs qui sont passés à proximité, avant Sven Hedin. A sa place, il n'existait sur les cartes du Tibet méridional qu'un espace blanc. La chaîne, connue par les Tibétains sous le nom de Nin Chan Tangla, au sud du lac Tengri-Nor (trentième degré de latitude Nord) avait été traversée, dans sa partie orientale, par l'explorateur anglais Littledale et par d'autres voyageurs, mais aucun d'eux n'a soupçoné qu'elle s'étendait à environ 1 900 kilomètres dans la direction Ouest-Nord-Ouest, de sorte qu'on peut lui assigner une longueur totale de près de 3 200 kilomètres. L'altitude moyenne des cols est de quelques centaines de mètres supérieure à celle des passes des chaînes de l'Himalaya, et à peu près la même que dans la chaîne du Kara-Korum et de l'Arkatagh. La chaîne nouvellement découverte par Sven Hedin n'a pas de sommets comparables en hauteur à ceux de l'Himalaya, mais plusieurs pics très complexes sont couverts de neiges éternelles et de glaciers. A part cela, elle est relativement de niveau égal; les pics gigantesques, dans cette partie du Tibet, sont au nord et au sud de la chaîne.

Partout où Sven Hedin l'a traversée, il n'a rencontré qu'une crête unique formant le faîte de partage des eaux, tandis que l'Himalaya et le Kwen-lun consistent en plusieurs chaines parallèles dont, pour l'Himalaya, la ligne de partage, en y comprenant les passes, est comparativement basse et plate. Les cartes devront être complétées en conséquence.

Au point de vue géographique, la passe de Sela-la est l'une des plus importantes que Sven Hedin ait traversées, parce qu'elle représente un point sur la ligne de partage entre les plateaux tibétains, et leurs bassins fermés, et les cours d'eau qui se déversent dans l'océan Indien.

Après avoir quitté le Nin Chan Tangla, la caravane de Sven Hedin descendit de quelques milliers de pieds et vit les premiers arbres. Il arriva ainsi à la rive septentrionale du Brahmapoutre, et gagna Chigatsé par le fleuve.

A ce moment (9 février 1907) ses notes couvraient 2 970 pages pour un peu plus d'une année (à son voyage précédent il en avait 3 800 pages pour trois ans). L'altitude de près de 200 points avait été déterminée au moyen de l'hypsomètre.

Sven Hedin découvrit aussi que le haut plateau tibétain se continue, sans interruptions, jusqu'à la rive septentrionale du Tsangpo; mais, dans la vallée de ce fleuve, le climat et la nature deviennent tout différents. Même pendant l'époque la plus froide de l'année, on a la sensation du printemps et de la chaleur, quand on descend de la bordure du plateau dans la vallée du grand fleuve. Sur tout le Chan-Tang, les nomades rencontrés par Sven Hedin lui disaient que l'hiver était exceptionnellement doux, et le thermomètre marquait —35° centigrades!

Après avoir quitté Shigatsé, Sven Hedin retraversa la chaîne de Nin Chan Tangla et découvrit, entre autres, le Shuru Tso, l'un des plus grands lacs du Tibet.

Ensuite, repassant une troisième fois la chaîne susdite, dans la direction du Sud, il détermina le cours de plusieurs rivières tributaires du Brahmapoutre et trouva la source de ce grand fleuve. Il campa, après, sur les rives du lac sacré de Manasarowar, le lac le plus fameux de la Terre, d'après Sven Hedin, célébré dans les Vedas et que les Hindous considèrent comme le séjour des dieux!

L'expédition prit fin par le retour de Sven Hedin à Simla (Pendjab), dans la première quinzaine de septembre dernier.

La carte tracée par le célèbre voyageur, pendant son exploration, compte, à ce jour, 765 feuillets. Ses notes comprennent 4 900 pages, 60 points astronomiques ont été déterminés, 990 spécimens de minéraux ont été rapportés, et plusieurs centaines de dessins de panoramas ont été exécutés par lui. Pour illustrer le récit de son long voyage, il a, en outre, plusieurs centaines de photographies et environ cinq cents dessins à la plume. Un journal météorologique a été tenu, sans interruption, depuis le commencement du voyage, et trois observations ont été faites chaque jour par M. A. Robert, l'assistant de Sven Hedin dans le récent voyage.

Nous pouvons donc nous attendre à une riche moisson scientifique, lorsque tous les documents rapportés auront pu être étudiés et mis au point par les savants.

III

LE TIBET.

Cette partie éloignée de l'empire chinois occupe une superficie considérable, environ 2 000 000 kilomètres carrés. Ses limites naturelles sont formées : au Nord, par les chaînes des monts Kwen Lun, de l'Altyn Tagh et de Nan Shan, — au Sud par la gigantesque barrière de l'Himalaya ; — à l'Ouest par la formidable masse rocheuse du Pundjab ([1]), du Kashmir et des Pamir ; vers l'Est les plissements sont, en général, moins élevés et finissent par se confondre avec les plaines relativement basses qui descendent vers l'Océan Pacifique. C'est par l'Orient que son accès est le plus facile aux *grandes* migrations humaines, c'est par là, aussi, que les vents des couches inférieures de l'atmosphère rencontrent le moins d'obstacles pour se donner carrière.

En latitude, elle est comprise, approximativement, entre les parallèles 28° et 36° Nord, et, en longitude, entre les méridiens 78° et 102° Est de Greenwich, ce qui représente une étendue d'un millier de kilomètres en latitude et d'environ 2 300 kilomètres en longitude.

Le Tibet ne doit pas être considéré, en entier, comme une contrée absolument stérile et désolée. La partie méridionale, — moins du tiers de sa superficie —, est plus hos-

---

([1]) Nous devrions dire plutôt des « provinces Unies » (de l'Inde) au nord-est du Pundjab.

pitalière que le centre ou le nord. Une bonne partie de la vallée du Brahmapoutre, dans laquelle se trouve la capitale Lhassa, les villes assez importantes de Gyangtse et de Shigatse, et de nombreux villages, est riante et fertile. Il y a là des centaines de kilomètres de terrain convenablement cultivé, bien irrigué, où l'agriculture fleurit et suffit amplement à nourrir une nombreuse population. Il ne s'agit pas de gorges étroites livrant simplement passage aux eaux, mais de vallées unies ayant de 6 à 7, et jusque 16 kilomètres de largeur. En raison de l'altitude de la région, c'est l'un des faits les plus intéressants à signaler.

Au delà de Lhassa s'étend vers le Sud-Est, la contrée alpestre, dont les limites sont incertaines, à laquelle on donne le nom de Cham, ou Kham; l'agriculture y est aussi possible, jusqu'à une certaine altitude, du moins dans une partie de cette région.

On sait que la présence des Européens n'est généralement pas tolérée dans les villes du Tibet. Cette défense s'applique surtout à Lhassa, la « *ville interdite* » ou la « *ville sainte* ».

Le premier Européen dont le passage à Lhassa ne peut plus être mis en doute, est le Frère Odorico de Pordenone. Il y fut envoyé en mission religieuse, peu avant 1330, mais on ne possède pas de renseignements détaillés de son voyage.

En avril 1661, deux Pères jésuites, Jean Grueber et Albert de Dorville, partirent de Pékin pour Sining, à l'est du lac Kuku-Nor; ils effectuèrent ce trajet en trois mois.

Jean Grueber (1623-1684) était natif de Linz (Autriche). Albert de Dorville (et non Albert de Bonville comme Grueber lui-même l'a écrit) était « *Belge* », mais on n'indique pas le lieu et la date de sa naissance. Nous en faisons mention parce que nous voulons rappeler le nom d'un compatriote, qui eut sa part de dangers et de peines dans la pre-

mière exploration géographique du Tibet qui soit connue,
bien qu'il semble n'avoir été que l'adjoint de Grueber.
Il mourut aux Indes en 1622, à la suite des fatigues
éprouvées durant le trajet de Lhassa à Agra (sur le Gange).
La Compagnie de Jésus l'avait envoyé en Chine en 1655,
et il y fut en rapport avec un autre Belge célèbre dans les
annales chinoises, le Père F. Verbiest, directeur de l'Observatoire de la Cour à Pékin.

Ce sont les lettres de Grueber qui fournissent les premiers détails connus sur la géographie et les mœurs des
habitants des régions tibétaines, qu'il a parcourues avec
de Dorville. Tous deux avaient été envoyés en exploration,
et non comme missionnaires, par leurs supérieurs, afin de
trouver une route de Pékin à Rome, plus directe que celle
par mer suivie au XVIIe siècle. Le trajet de Sining à Lhassa
(en Tartare-Mongole, Barantola) exigea aussi trois mois;
les deux voyageurs suivirent partiellement les rives du
Kuku-Nor.

En route, Grueber détermina la latitude de plusieurs
localités, sans doute avec l'aide de son compagnon. Voici
quelques-unes de leurs déterminations :

LOCALITÉS.	LATITUDE (NORD) d'après Grueber.	AUTRES DÉTERMINATIONS ULTÉRIEURES.	Différences.
1. Sining . .	36°10'	36°39'20" (Jésuites 1708-1709?). 36°33'32" (Vivien 1880). 36°37'15" (Potanin 1884).	Environ 24' à 29'.
2. Lhassa . .	29°6'	29°39'17" (Pundit; Vivien —20").	Environ 33'
3. Katmandu.	27°5'	27°41'28" (Pundit). 27°36' (Vivien).	Environ 31' à 36'.
4. Hedonda .	26°36'	27°26' (Pundit).	Environ 50'.

Nous nous en tenons là. Les différences sont d'une trentaine de minutes, ce qui peut être attribué à l'imperfection des instruments dont disposaient les voyageurs.

Les écrits de Grueber furent utilisés dans la suite (¹). Nous nous abstenons de parler des autres explorations dans le Tibet, afin de pouvoir aborder immédiatement les faits les plus récents.

Pour nous rendre compte des conditions climatériques du Tibet *méridional*, nous nous référons surtout aux constatations faites pendant l'expédition anglaise de 1903-1904, et aux travaux scientifiques très importants exécutés, à cette occasion, par les officiers et les savants qui accompagnaient les troupes anglo-indiennes.

Écoutons d'abord le colonel Younghusband, l'agent diplomatique chargé des négociations avec les autorités de Lhassa, pour obtenir l'ouverture des frontières.

Départ en juin 1903, de Darjiling, altitude 2182 mètres, dans l'extrême nord-est des Indes anglaises, terminus du railway dans cette direction. Nous entrons dans le Sikhim (protectorat anglais), qui touche au Tibet, en suivant la vallée de Teesta (ou Tista, rivière) pour atteindre Khambo-Jong (Kampa-Dzong) (²), plateau sur le territoire tibétain, à l'altitude de 4632 mètres. (³)

La partie inférieure de cette vallée aspire, en quelque

---

(1) C. Sommervogel, *Bibl. de la Compagnie de Jésus.* (Première partie : bibliographie.) Bruxelles-Paris 1890-1892.

R. Tronnier. *Die Durchquerung Tibets seitens der Jesuiten Johannes Grueber und Albert de Dorville im Jahr 1661.* (Zeitschr. für Erdkunde. Berlin. mai 1904, pp. 328-361.)

(2) Les noms sont reproduits de deux ou de trois manières dans les documents ou sur les cartes. Il en est ainsi pour les localités, montagnes, passes ou cols, lacs, etc..

(3) Major Ryder, *Exploration and Survey with the Tibet frontier Commission, and from Gyangtse to Simla, via Gartok.* (Geogr. Jours. , octobre 1905.)

L'altitude de Khambo-Jong est donnée d'après les nombres rectifiés par le major Ryder. Une partie de Khambo-Jong se trouve à 4975 mètres, altitude indiquée sur la carte de triangulation de la région dressée par cet officier et ses collègues du service topographique du gouvernement indien.

Tous les nombres que nous citons sont extraits des documents officiels récents, mais il y a parfois des différences, qui vont jusque 100 à 150 mètres, entre diverses données, ce qui est insignifiant dans l'ensemble.

sorte, les chaudes et humides vapeurs du golfe de Bengale passant au-dessus de l'Inde. De là, une végétation tropicale d'une richesse inouïe. Pendant le trajet, chaque jour les forêts de Sikhim (Sikkim) offraient de nouvelles merveilles, soit par la beauté des arbres, soit par celle des fleurs. A l'ombre des géants des forêts grandissent des fougères arborescentes mesurant jusque 12 à 15 mètres de hauteur, et dont les frondaisons, ou les feuilles, ont de 3 à 4 mètres de longueur. Le feuillage est d'une fraîcheur étonnante et, à côté de fougères aux formes les plus gracieuses et les plus délicates, se trouvent des plantes aux tons panachés, comme les *caladions*, mêlées à d'autres plantes grimpantes, de dimensions et de formes les plus variées, dont les vrilles sont suspendues d'un arbre à l'autre, telle la grande *oreille d'éléphant*, ainsi nommée parce que là feuille affecte la forme d'une oreille d'éléphant. Et parmi ce monde végétal aux couleurs diaprées si variées, l'œil découvre l'orchidée la plus parfaite que l'on puisse imaginer. N'oublions pas les papillons aux multiples couleurs si brillantes ; sur un espace d'un kilomètre et demi, le colonel Younghusband en compta dix-sept espèces parmi les plus rares. Dans cette partie de la vallée de Teesta, on trouve au-delà de six cents espèces d'orchidées et plus de soixante variétés de rhododendrons. Elle est une des merveilles du globe pour sa végétation et ses lépidoptères. (¹)

Comme les moussons du golfe de Bengale soufflent de juin à octobre, la pluie tombe fréquemment en cataractes sur cette région pendant ces cinq mois.

Mais la scène change lorsqu'on franchit la frontière du Tibet, au col de Kangra-la (²), altitude 5155 mètres.

Au lieu des étroites vallées profondément encaissées

---

(1) Sir FRANK YOUNGHUSBAND, *The geographical results of the Tibet mission.* (GEOGR. JOURN., May 1905.)
(2) *la* = col, passe, en tibétain.

du Sikhim, on a devant soi de grandes plaines de 16 à 20 kilomètres de largeur. On ne voit aucun arbre ; trouver une plante d'une trentaine de centimètres de hauteur est une curiosité, encore est-elle cachée dans un coin perdu.

Par contre, au lieu des pluies diluviennes et de l'atmosphère humide de l'autre versant de la chaîne de l'Himalaya, on jouit d'un ciel clair, serein ; l'air est sec, d'une limpidité parfaite, permettant à l'œil d'embrasser un horizon d'une immense étendue.

La mission anglaise arriva à Kampa-Dzong en juillet 1903 et y resta jusqu'en décembre. L'été y fut admirable, les levers et les couchers de soleil y étaient d'une splendeur sans pareille. Les pics neigeux des géants de l'Himalaya se profilaient, dans toute leur majesté, sur l'azur profond du ciel.

Qu'on nous permette ici une parenthèse. Dans un cadre plus réduit, un spectacle pareil et les conditions si spéciales des hauts plateaux tibétains, au point de vue de la sécheresse et de la limpidité de l'atmosphère, et de l'azur si profond du ciel, se retrouvent, *pendant les beaux mois d'hiver, en janvier et en février, notamment*, dans les vallées élevées de la Haute-Engadine en Suisse. Nous en parlons par expérience personnelle. Le ciel bleu de l'Italie et des rives méditerranéennes de la France, est bien pâle à côté de celui que l'on voit à de grandes altitudes Et quel contraste frappant, magique, lorsqu'à fin avril, par exemple, après avoir gravi les pentes recouvertes de neige du versant suisse du Splügen (altitude du col 2 117 mètres); on descend dans la vallée italienne vers Chiavenna. Du côté suisse, tout disparaît encore sous un linceul blanc; dans la vallée italienne, la végétation d'un vert intense, splendide, éblouit l'œil et semble chanter un hymne au réveil de la Nature !

Le campement anglais établi à Kampa-Dzong, se trouvait

à une altitude à peine inférieure de 200 mètres à celle du Mont-Blanc (4 810 mètres). Néanmoins, le sol était dépouillé de neige. Dans les Alpes, en Europe, les neiges éternelles se rencontrent à partir de 2 700 mètres, en moyenne. Alors que tout le long de l'Himalaya, sur le versant indien, la végétation arborescente existe jusque vers 5 000 mètres d'altitude, en Europe la limite des conifères ne dépasse pas 2 000 mètres ; le pin Arole seul se dresse dans la Haute-Engadine et dans les Carpathes à 2 200 mètres, et un peu au-delà, selon l'exposition au soleil. A 2 500 mètres on ne trouve plus, en général, que de maigres herbages, quelques plantes rabougries et des mousses.

Question de *latitude* et aussi influence partielle des moussons de l'océan Indien qui se fait sentir jusqu'à une grande altitude dans l'Himalaya et, par delà cette chaine, dans la partie méridionale du Tibet. Toutefois, ces moussons ne sont pas maitres, sans partage, de l'atmosphère pendant les cinq mois — juin à octobre — de leur prédominance. Le terrible vent d'Est, ou de Nord-Est, du Tibet souffle à son tour, à certains moments, pendant les dits mois, provoquant une chute sensible du baromètre suivie d'un relèvement, ainsi qu'un abaissement de la température, des pluies abondantes, irrégulièrement distribuées, qui ne ressemblent pas à celles provoquées par les moussons et sont accompagnées d'orages et de manifestations cycloniques jusque sur la baie du Bengale (1).

L'hiver débute dans le Tibet, vers le commencement de novembre. En décembre 1903, la mission anglaise quitta Kampa-Dzong, les négociations diplomatiques n'ayant pas

---

(1) C. LITTLE, *Himalayan summer storms and their influence on monsoon rainfall in Northern India.* (JOURN, ASIATIC SOC. OF. BENGAL, vol. LXXII, part. II. 1903.)

abouti. Une expédition militaire anglo-indienne fut décidée. 2 800 hommes de troupes, dont un fort contingent d'infanterie montée, sous les ordres du général Macdonald, allaient commencer les opérations dans des conditions exceptionnelles. Les troupes envahirent au mois de décembre la vallée de Chumbi, pointe avancée du Tibet dans l'empire indien sur le versant méridional de la chaîne de l'Himalaya. Cette vallée ne peut être considérée comme le vrai Tibet, quoiqu'elle y appartienne politiquement. Elle est moins abrupte que les vallées du Sikhim. La pluie y est moitié moins abondante qu'à Darjiling et, en général, le climat y est de beaucoup supérieur.

Au commencement de janvier 1904, la colonne franchit le col de Tang-la, altitude 4 636 mètres. La température était descendue à —28° centigrades. La raréfaction de l'air, par suite de l'altitude, rendait la respiration difficile, surtout que les soldats étaient lourdement vêtus, ce qui ajoutait encore aux souffrances causées par le froid. Les troupes indiennes, notamment les Sikhs, habituées au climat chaud et humide de leur pays, avaient surtout à souffrir. Le corps expéditionnaire campa à Tuna — altitude 4 514 mètres — pendant les mois de janvier, février et mars, endurant un froid intense; pendant une série de jours, le thermomètre ne dépassa pas —10° centigrades même à midi. Journellement, vers 10 ou 11 heures du matin, un vent violent du Sud s'élevait. La neige tombait parfois drue, fine et sèche pendant deux ou trois jours consécutifs; le vent devenait, à ces moments, un *blizzard* aveuglant, terrible.

En avril, la colonne atteignit Gyangtse, altitude 4 000 mètres, dans la vallée du Nyang-chu, affluent du Brahmapoutre. Cette vallée a de 8 à 10 kilomètres de largeur; elle est parsemée de villages séparés par des canaux, formés par les bras de la rivière. Autour de chaque village, le long des canaux, il y a des saules et des peupliers dont les jeunes feuilles étaient prêtes à faire éclater les bourgeons.

Les berges étaient couvertes d'une masse d'iris qui étalèrent, plus tard, leurs pétales empourprés.

Le froid du campement de Tuna était loin. Le printemps avait commencé; les journées étaient splendides, brillantes; la nuit il y avait à peine une légère gelée (1).

Le 2 août 1904, l'expédition anglaise arriva devant Lhassa, où elle entra le jour suivant. Il y avait eu plusieurs rencontres sanglantes avec les troupes tibétaines, les combats ayant lieu à plus de 4 000 mètres d'altitude. Dans l'une d'elles, le 8me régiment indien des Gourkas dut enlever une position, située à 5 600 mètres d'altitude, qui fut vaillamment défendue par les Tibétains; la poursuite se continua sur un glacier! C'est un fait sans précédent dans l'histoire.

De juillet à septembre des *pluies* abondantes tombèrent assez fréquemment. D'après une évaluation grossière, la hauteur des précipitations aqueuses que la vallée de Brahmapoutre reçoit, *tout au moins dans la partie du Tibet dont nous parlons, semble être de 600 à 700 millimètres annuellement.* C'est l'équivalent, à peu près, des quantités d'eau recueillies en Belgique! Nous sommes loin de la sécheresse qu'on attribuait à tout le Tibet. Mais, dans l'ensemble, même dans cette vallée, l'air est en général très sec, comme dans toutes les parties du globe situées à de grandes altitudes. Quand on se trouve sur certains pics de l'Himalaya, par beau temps, on voit les nuages monter de l'Inde, se dissiper à mesure qu'ils s'élèvent et s'évanouir sans troubler la limpidité de l'atmosphère des hautes régions.

Le colonel Younghusband quitta Lhassa en automne. Le temps était beau, le soleil brillait et ses rayons étaient encore chauds; la végétation avait pris cette belle coloration jaune d'or, caractéristique de la saison.

---

(1) En Europe, sur les versants Nord des Alpes, les mois d'avril et de mai sont, en général, particulièrement désagréables. Le foehn souffle, accompagné de violentes rafales de neige, puis commence la fonte des neiges. Quel contraste lorsqu'on considère surtout les différences d'altitude!

Lhassa, la capitale du Tibet, est située dans une plaine traversée par la rivière Kyi-chu, affluent du Tsang-po, ou Brahmapoutre. L'altitude de cette plaine, ou vallée, est de 3608 mètres au-dessus du niveau de la mer. Elle est très bien arrosée et cultivée. Les résidences des principaux dignitaires sont entourées de bouquets d'arbres à feuillage ombreux.

D'après les observations du voyageur russe Tsybikoff, qui séjourna à Lhassa pendant un an (1900-1901), les conditions climatologiques étaient alors les suivantes : décembre fut le mois le plus froid, moyennes thermométriques au lever du soleil —7.6° C., à midi +1 4° C. et dans la soirée —2.9° C. Le mois le plus chaud fut juin; moyennes thermométriques aux moments correspondants du jour +14.6°, 22.8° et 17 2° C. En 1900, la saison sèche commença à Lhassa le 26 septembre, jour des dernières pluies. Première chute de neige le 20 décembre et pendant les quatre mois suivants, il ne neigea que dix fois; dans les vallées, la neige fondait le jour suivant. Les pluies commencèrent en mai, et jusqu'au mois d'août il plut 55 fois. Les grands cours d'eau ne gèlent pas et les petits se couvrent d'une couche de glace peu épaisse pendant les grands froids.

A une cinquantaine de kilomètres, au sud de Lhassa, se trouve, à une altitude de 3 522 mètres, la vallée proprement dite du Brahmapoutre. Elle est large de 5 à 7 kilomètres. Le froment et l'orge y sont bien cultivés. On y voit des bosquets de peupliers et de noyers, et même quelques pêchers et des abricotiers! Les montagnes voisines sont couvertes d'excellents pâturages, mais elles sont dépourvues d'arbres.

Le fleuve se subdivise en plusieurs branches importantes, à l'endroit où le corps expéditionnaire anglo-indien campa sur ses rives à fin juillet 1904. Les troupes franchirent l'une de ses branches, large d'environ 120 mètres. On était en temps de crue par suite des pluies et de la fonte des neiges des sommets de l'Himalaya. Aussi les eaux étaient profondes et leur cours très rapide.

Ce qui précède démontre que toute cette partie du Tibet jouit d'un climat exceptionnel; les neiges éternelles ne s'y rencontrent qu'à une altitude supérieure à 5 000 mètres. L'influence des moussons du golfe de Bengale y est donc encore bien sensible; celui-ci en est éloigné d'environ 700 kilomètres. Mais cette influence est moindre sur d'autres régions du Tibet méridional, situées vers l'ouest, en raison de leur éloignement beaucoup plus considérable de la mer. Notons encore que de la Baie de Bengale jusque près de la région tibétaine que nous venons d'étudier, il n'y a aucun plissement sérieux du sol qui puisse arrêter les vents chauds et humides du Sud.

Entre 79° et 91° longitude Est (Greenwich), le long de la frontière indo-tibétaine, on ne compte pas moins d'une cinquantaine de pics ayant plus de 6 000 mètres d'altitude.

Il ne sera pas hors de propos de citer ici les principaux d'entre eux d'après les derniers travaux des géodésiens anglo-indiens. Nous les énumérons en allant de l'Est vers l'Ouest; la plupart des pics ont été numérotés par le service géodésique, nous ajoutons le nom lorsqu'il est donné.

DEGRÉS DE LONGITUDE EST entre lesquels les pics sont situés.	NUMÉROS ET NOMS DES PICS.	ALTITUDE au-dessus du niveau de la mer.
Entre 91° et 90° . .	Numéro et nom manquent,	7 472 mètres.
» » » . .	Tibet méridional, frontière du Buthan.	7 545 »
» 90° et 89° . .	Chomolhari.	7 298 »
» 89° et 88° . .	Powhanri.	7 070 »
» » » . .	Kangchenjunga.	8 585 »
» 88° et 87° . .	XIII. Makulu.	8 477 »
» 87° et 86° . .	XV. Mount Everest.	8 845 »

DEGRÉS DE LONGITUDE EST entre lesquels les pics sont situés.	NUMÉROS ET NOMS DES PICS.	ALTITUDE au-dessus du niveau de la mer.
Entre 87° et 86°, .	XX. Gaurisankar.	7 151 mètres.
» 86° et 85°, .	XXIII. (non dénommé).	8 023 »
» » » . .	XXVII. (Idem).	7 110 »
» 85° et 84°, .	Nom manque (au delà de la rive gauche du Tsang-Po).	7 060 »
» 84° et 83°, .	XLII. Dhwlagari.	8 181 »
» 83° et 82°, .	Numéro et nom manquent.	6 862 »
» 82° et 81°, .	Memo ou Gurla-Mandhata.	7 884 »
» 81° et 80°, .	Numéro et nom manquent.	6 450 »
» 80° et 79°, .	Nanda-Devi.	7 816 »
» » » . .	Kangmen.	7 76? »

On a cru, pendant longtemps, que le pic Gaurisankar et celui nommé, par les Anglais « Mount Everest » formaient un seul et même pic vu sous des aspects différents, selon l'endroit d'où se faisait l'observation. Cette idée était erronée. Le « Mount Everest » (le pic XV des géodésiens), est bien le pic le plus élevé du globe. Vu des environs de Kaju (altitude 4514 mètres), village situé dans le Tibet méridional à environ 300 kilomètres à l'ouest de Shigatse, il se présente comme un pic isolé, dominant toute la chaine principale de l'Himalaya qui l'environne. A une assez grande distance à l'Est et à l'Ouest, on ne voit aucun sommet qui l'égale. Dans sa majestueuse solitude, il apparait entièrement détaché du pic XIII (Makulu) à l'Est, et du pic XX (Gaurisankar) à l'Ouest (1). Celui-ci se trouve, d'ailleurs, à environ 57 kilomètres de l'Everest. Le nom de Gaurisankar donné au pic XX, est inconnu des montagnards du Nepal, partie du territoire indien auquel ce pic touche.

---

(1) MAJOR RYDER, *Exploration and Survey with the Tibet frontier Commission and from Gyangtse to Simla viâ Gartok.* (GÉOGR. JOUR., Londres, octobre 1905

On a écrit de divers côtés que les Tibétains donnaient au *Mount Everest* le nom de *Chomokankar*. Ce nom figure dans les publications du voyageur hindou Sarat Chendra Das. Le docteur anglais Waddell, dans son ouvrage *Among the Himalayas*, publié en 1899, l'adopte également. Il semblait qu'on pût se fier à lui, car il a habité le Sikhim pendant de nombreuses années; il y était le résident politique du gouvernement anglo-indien et ce fut lui qui prépara, en grande partie, le terrain pour l'expédition militaire dans le Tibet de 1903-1904. Il fut d'ailleurs le chef du service sanitaire de l'expédition, avec le grade de colonel, et il publia un ouvrage remarquable sur Lhasa et la contrée environnante.

Enfin, feu Elisée Reclus, dans son dernier ouvrage : *L'Homme et la Terre*, cite aussi le soi-disant nom tibétain. On était donc fondé à croire que celui-ci était exact.

Or, nous nous sommes rendu compte que le nom de *Chomokankar* ou *Chamokankar* ou *Jomokangkar*, ne peut être donné au pic XV de l'Himalaya, désigné par les géodésiens anglo-indiens *Mount Everest*, faute d'un nom local, et cela en souvenir de sir George Everest d'après les ordres duquel des mesures trigonométriques des pics de l'Himalaya, le long des plaines d'Oudh et du Bengale, ont été commencées en 1848 ([1]).

D'après les cartes du service géodésique de l'Inde, et les notes du géodésien hindou A. K. (Krishna), dont les travaux récents des officiers anglais dans le Tibet ont montré la consciencieuse exactitude, le pic neigeux *Jhomokangkar* se trouve à la latitude 29°50' N. et à la longitude 89°50' E., soit à 346 kilomètres au nord-est de l'Everest. Le *Jomokanghar* est considéré, dans la contrée où il est situé, comme un pic sacré, à peu près semblable

---

[1] Contrairement à ce qui a été écrit ailleurs, aucun homme n'a jusqu'ici foulé le sommet du *Mount Everest*.

au pic Kaïli, à proximité du lac sacré Manosarowar. Il y a donc eu confusion.

L'identification des pics de l'Himalaya a d'ailleurs déjà donné lieu à controverse. (Voir *Report on the Identification and Nomenclature of Himalayan Peaks* by Capt. H. WOOD, publié par ordre du colonel Gore, chef du service géodésique indien en 1904; — *Mount Everest*, in *Nature*, vol. 71, 1904-1905; — *Jomokangkar*, in *Geog. Journ.*, vol. XXV, 1905.)

On ne doit pas s'étonner de ces confusions. A partir du Kashmir jusqu'au Bhutan, tout le long de la frontière indo-tibétaine, les monts Himalaya, qui se composent de plusieurs chaînes à peu près parallèles, comptent environ 40 000 pics, dont *dix mille pics couverts de neiges éternelles*. Parmi ces milliers de sommets élevés, une cinquantaine seulement sont dénommés. Entre les montagnes principales il y a des vallées si étendues, que dans l'une d'elles toutes les Alpes d'Europe trouveraient place! Et celles-ci vues à une vingtaine de kilomètres de distance, se confondraient absolument dans l'ensemble.

A propos du Gaurisankar, l'*Annuaire du Bureau des Longitudes* pour 1909, paru récemment, renseigne 8 580 mètres comme altitude de ce pic. Les derniers documents géodésiques anglo-indiens indiquent 23 447 pieds; le pied = 0.305 mètre, soit donc 7 151 mètres, nombre que nous maintenons. (Voir notre tableau, p. 27.) L'écart est trop grand pour ne pas être signalé.

D'après les fossiles marins, et autres, trouvés à Khamba-Jong par le géologue anglais M. Hayden, adjoint à la mission Younghusband, ce savant estime que cette partie des montages du Tibet est relativement « récente », c'est-à-dire qu'elle remonte à deux ou trois millions d'années. Quant à l'axe principal de la chaine de l'Himalaya, il est tout à fait moderne, et n'est vieux que de quelques cen-

taines de milliers d'années. A une époque géologique plus
reculée, une mer recouvrait le Tibet, et ses flots venaient
battre la puissante bordure granitique de l'Himalaya, dont
les sommets sont lentement détruits par les neiges et par
les autres agents de l'atmosphère.

Nous ne pouvons quitter cette partie du Tibet sans parler de ses lacs. Dans la région située le long de la frontière
indienne, on compte six lacs à une altitude variant entre
4 376 mètres, le Yamdrok Tso (1) (lac Palti), 91° long. Est
environ (2), et 4 900 mètres, le Gunchu Tso, 82° long. Est.

Deux de ces lacs méritent une mention spéciale.

Le Yamdrok Tso (ou Yamdok Tso) est remarquable par
la coloration de ses eaux. Parfois d'un bleu intense, il
paraît réfléchir l'azur profond du ciel tibétain. A d'autres
moments, il passe du violet au bleu turquoise et au vert.
Selon la rive de laquelle on l'admire, ou encore lorsqu'il y
a des nuages, les teintes des eaux changent et prennent
des tons d'une richesse et d'une douceur infinies. C'est un
émerveillement. Les Tibétains le nomment, à bon droit, le
lac turquoise. Cette splendeur de coloris est-elle due à la
profondeur, à la salinité, ou à une composition chimique
particulière de ses eaux? La cause véritable n'est pas
connue (3).

L'autre lac est le Manasarowar, ou Mobang Tso, en
tibétain. Il est en communication par un canal, à sec une
partie de l'année, et, d'après Sven Hedin, par un canal sou-
terrain naturel, avec un autre lac, le Rakas Tal, ou Lagang
Tso, en tibétain. Sa superficie est de 177 kilomètres carrés.
Il se trouve à 4 545 mètres au-dessus du niveau de la mer,
et le Lagang Tso à 4 529 mètres. D'après le major Ryder,

---

(1) Tso = lac, en tibétain.

(2) Il est entendu que les degrés de longitude sont toujours indiqués d'après le méri-
dien de Greenwich.

(3) YOUNGHUSBAND, *The geographical results of the Tibet mission.* (GEOG. JOURN.,
May 1905.)

il n'est pas comparable en beauté au Yamdrok Tso. Les Védas en font déjà mention et il est célèbre parmi des millions d'hommes, Hindous et Tibétains lamaïstes, qui le considèrent comme le « lac sacré ». Séjour des dieux, d'après les croyants, ses eaux donnent l'immunité contre nombre de maux, et assurent des félicités dans la vie future à ceux qui ont pu s'y baigner! Mais que de rites à observer pour obtenir toutes les grâces célestes, en parcourant ses rives ou en plongeant dans ses ondes!

Au commencement de décembre 1904, le lac n'était gelé que sur un espace de 200 mètres environ du bord. Ses eaux ne sont pas salines, ce qui prouve qu'elles ont un écoulement. Si celui-ci venait à cesser, la contenance en sel se manifesterait bientôt et les eaux ne seraient plus potables. *En effet, d'après une loi naturelle qui se vérifie partout, toute masse d'eau sans décharge ne peut conserver sa composition normale et devient forcément saline avec le temps. C'est ce qui se présente, sur une grande échelle, pour de très nombreux lacs de l'Asie centrale. Ils perdent leur salinité lorsqu'ils reçoivent un apport d'eau fraîche suffisant et lorsque leur écoulement peut se produire.* L'effondrement de grandes fractions de la croûte superficielle de notre globe, a formé le lit des océans et des mers. A l'origine, les eaux qui ont rempli ces gigantesques réceptacles, étaient douces; elles sont devenues salines dans la suite des siècles.

D'après les données recueillies par Sven Hedin dans son dernier voyage, la plus grande profondeur du Manasarowar est de 81 mètres. Il l'a visité pendant la belle saison, en été. Il vante les beautés du site dans lequel ce lac est situé, avec, à l'arrière-plan vers le Sud, les sommets neigeux et glacés du Gurla Mandhata (altitude, 7 884 mètres), et, vers le Nord, ceux du pic Kaila, nommé Kang Rimpoche, en tibétain, la montagne sacrée des disciples de Bouddha.

Pendant l'une de ses excursions en barque sur le lac sacré, Sven Hedin fut assailli par un violent orage, amené

par les vents furieux du Nord-Est, qui le mit en danger.
En quelques minutes, les eaux du lac, calmes d'ordinaire,
se transformèrent en lames énormes atteignant la hauteur
de celles de la mer Baltique, lorsque la tempête sévit. Le
grand voyageur ne se serait jamais figuré que des vagues
d'une telle dimension eussent pu se former sur une nappe
d'eau intérieure, mesurant à peine une vingtaine de kilomètres dans sa plus grande largeur (¹).

Les lacs constituent l'une des caractéristiques du Tibet.
Sous le rapport de leur nombre, le pays est bien pourvu,
mais leur distribution et la composition de leurs eaux ne
sont pas les mêmes dans les différentes régions.

Dans le nord du Tibet, Sven Hedin en a compté beaucoup, espacés comme les grains d'un chapelet. La plupart
ont la forme allongée; ils s'étendent parallèlement à la
direction Est-Ouest des montagnes et des plissements du
sol les séparent. Leur eau est salée. Ils se trouvent à une
altitude moyenne de 4 900 mètres au-dessus du niveau de
la mer.

Le nombre de ces lacs est aussi très grand dans le Tibet
occidental; on en compte une cinquantaine à une altitude
variant de 4 600 à 5 100 mètres. Il augmente encore au nord
et au sud des contreforts des monts Kara-Korum, mais il
diminue à mesure qu'on s'éloigne de cette région. Néanmoins, même des zones fort distantes de hautes montagnes,
ne sont pas absolument dépourvues de lacs.

Ceux à eau plus ou moins saline dominent dans le nord,
l'ouest et le centre du Tibet, tandis que dans le sud et l'est
les lacs à écoulement, c'est-à-dire à eau douce, se rencontrent plus fréquemment. Dans le nord-est, le lieutenant
Filchner a compté trente et un lacs; ceux à eau douce

----

(1) Sven Hedin. *My discoveries in Tibet*. (Harper's Monthly Magazine,
August 1913.)

sont en nombre à peu près égal à ceux dont l'eau est
salée (¹).

Il s'en faut de beaucoup que le reste du Tibet présente
un tableau aussi riant que celui de la zone méridionale. Si,
de-ci de-là, nous rencontrons encore des endroits sur les
hauts plateaux où la vie sociale est possible sans que,
cependant, le sol soit aisément cultivable, la majeure partie
des régions occidentale, septentrionale et centrale est aride,
désolée ou désertique. On n'y jouit pas d'une température
relativement douce, comme dans la vallée du Brahmapoutre. Le climat, dans son ensemble, est nettement continental avec des écarts thermométriques très grands, et des
vents violents du Nord-Est ou de l'Est dans certaines
régions.

A mesure qu'on s'éloigne du Sud, l'influence bienfaisante
des moussons de l'océan Indien, arrêtés ou entravés par la
chaîne de l'Himalaya, se fait de moins en moins sentir;
l'âpreté du climat due à l'altitude et à la situation continentale du pays, n'est plus tempérée. Telle est surtout la situation dans le nord, à un millier de kilomètres de Lhassa —
soit à un peu moins de la distance de Bruxelles à Marseille
— et aussi dans le nord-ouest et une partie de l'ouest du
Tibet.

Sur les plateaux qui s'étendent autour du Tengri-Nor —
altitude, 4 609 mètres —, l'un des grands lacs situés à
une centaine de kilomètres de Lhassa, la température
moyenne de l'été ne dépasse pas +7° C., ce qui est inférieur d'environ 2° à la moyenne normale du mois d'avril en
Belgique. Il y gèle fréquemment la nuit, même lorsque le
thermomètre dépasse 20° pendant la journée, et bien que
les heures d'insolation y soient alors les plus nombreuses.

---

(1) Lieutenant W. Filchner. Sven in Nordost Tibet und des Metschu-Problem.
(Zeitsch. F. Gesell. F. Erdkunde, Berlin 1908, n° 1.)

Àprès le coucher du Soleil, les tourmentes de neige et de grêle sévissent, le sol se détrempe et la marche des caravanes devient excessivement pénible.

Sur ces hauts plateaux tibétains si inhospitaliers du centre et du Nord, il existe cependant une faune particulière, qui y a son origine. On y trouve le musc — animal sauvage de la grandeur du chevreuil —, qui secrète la substance parfumée bien connue, l'âne sauvage nommé kulan (ou koulane), le yak, bovidé de la taille de notre bœuf ordinaire, mais bas sur les pattes. Le yak domestiqué y rend des services considérables. Il sert de bétail et d'animal de bât; il fournit du lait; sa chair est bonne. A l'état domestique, la structure du yak se transforme partiellement.

Une exploration entreprise pendant l'été 1903 par le capitaine Rawling et le lieutenant Hargreaves, a apporté des détails intéressants sur la région occidentale du Tibet (¹).

Les montagnes y ont souvent une coloration curieuse. Rouges, non loin de la passe de Lanak — altitude 5 500 mètres —, vers le Kashmir, ou noires comme du charbon et en forme de piliers élancés couronnés de neiges éternelles, comme celles situées à une certaine distance du lac Arport-Tso, dont l'eau est douce.

Vers le sud-est de ce dernier lac, il y en a un autre, le Shemen-Tso, dont la superficie actuelle est d'environ 160 kilomètres carrés; son étendue était certes plus considérable jadis. La salinité de ce lac est extrême.

Dans les environs vivent des troupes innombrables d'yaks sauvages, d'antilopes, de gazelles et de kiangs, espèce d'hémiones ou ânes sauvages.

D'autres lacs montrent des traces irrécusables de leur diminution d'étendue et d'un abaissement de niveau

---

(1) CAPITAINE RAWLING, « Exploration of Western Tibet and Rudok ». Geog. Journ. Avril 1905.

notable. Pour le Memar Chaka, situé entre 34° et 35° lat. N., 82° et 83° long. E., dont la superficie actuelle est de 80 kilomètres carrés, cet abaissement, commencé à une époque reculée, est de 25 mètres. Il est situé dans une plaine riche et fertile, d'environ 8 kilomètres de largeur.

Autour d'un autre lac, entièrement gelé, amoncelées et formant des rides élevées, on trouve des masses blanchâtres constituées, les unes par des cristaux de carbonate de soude (sel de soude), les autres par du sulfate de magnésie (sel anglais). Ailleurs, le sol est couvert de borax, ou bien le carbonate de soude imprègne si profondément la terre que, dans un large périmètre, l'eau des sources et des ruisseaux n'est pas buvable.

On voit aussi des plaines arides, bordées de montagnes dont le sol porte les empreintes du retrait des eaux ; elles sont semblables à des plages sablonneuses striées par la mer à marée basse.

Dans le Tibet occidental même se dresse la chaîne des monts Deasy ; leurs pics ont une altitude de 6 400 mètres. Au-delà, vers les monts Kwen Lun, c'est une succession de plateaux peu ondulés, tantôt arides, tantôt couverts d'herbages, séparés par des chaînons montagneux. Le capitaine Deasy en 1896, et le capitaine Rawling en 1903, y rencontrèrent au mois d'août des troupeaux de milliers et de milliers d'antilopes, les jeunes placées au centre près de leurs mères. Venant de l'Est, ces gracieux animaux se dirigeaient en quantités innombrables vers le Nord-Ouest, probablement vers le Ferghana (sud du Turkestan russe), où ils peuvent trouver des pâturages excellents ; l'herbe grasse et nourrissante y pousse avec une extrême rapidité en été. Le mois d'août est le moment de leur passage.

Notons encore le lac Markham, dont l'eau de la partie occidentale, alimentée par plusieurs rivières, est douce, tandis qu'elle devient de plus en plus saline vers la partie orientale où, finalement, elle n'est plus potable.

Certains districts de cette région représentent l'image de la désolation. Là aussi se constate une diminution de la superficie de plusieurs lacs.

Par contre, le lac Aru-Tso, situé à la latitude 34° N., entre les 83° et 82° long. E., offre un changement digne de remarque. En 1890, le capitaine Bower constata la salinité de son eau. En 1896, le capitaine Deasy mentionne que l'eau est buvable, ce qui, dans le Tibet, signifie qu'elle n'est pas trop chargée de sels. Et, en 1903, lors du voyage du capitaine Rawling, elle est devenue absolument pure et fraîche, sans la moindre trace de sel ou de tout autre minéral désagréable. De pareilles variations ont été constatées pour différents lacs tibétains, mais il serait intéressant de connaître après quel laps de temps elles se produisent. Le fait constaté pour l'Aru-Tso est à retenir.

Ainsi, dans la région occidentale du Tibet, le phénomène du desséchement semble, en général, se manifester avec intensité. Dans le récit sommaire de son voyage, paru en août-septembre derniers (« Harper's Magazine »), Sven Hedin signale également des traces visibles de la dessiccation de la contrée.

Le pays et le climat ne sont pas meilleurs dans le nord du Tibet. Des régions sablonneuses ou marécageuses ou des steppes, ou encore de véritables vallées de pierres et de gravier se succèdent, toutes situées à une altitude presque égale ou supérieure à celle du Mont Blanc. Les lacs salés ou d'eau potable sont toujours nombreux. Parmi les premiers, il y en a dont la salinité est telle qu'une goutte d'eau ressemble à de la gélatine.

Le climat de la région est âpre. En hiver, le thermomètre descend à —32° et davantage.

En se dirigeant vers l'Est, on rencontre la dépression marécageuse du Tsaïdam, altitude de 2 700 mètres seulement, qui s'étend sur un territoire grand comme la Suisse.

Dans le Nord-Est, les lacs sont très nombreux, salés ou d'eau douce; le plus grand est le Kuku-Nor dont la superficie est de 5 500 kilomètres carrés, soit celle du Zuiderzée, ce qui correspond au cinquième environ de la Belgique. De vastes régions y sont sablonneuses, sillonnées de dunes, ou bien le sol est spongieux. Les orages, accompagnés de grêle, et le vent d'Est y sont d'une violence extrême.

L'Est du Tibet a un climat moins rude. Le paysage y devient plus riant, la végétation gagne en variété et en richesse. L'altitude générale s'abaisse. De nombreux cours d'eau sillonnent la contrée; le poisson y est d'une abondance extraordinaire, pour la raison qu'on n'y a jamais péché.

Nous allons quitter maintenant les hauts plateaux tibétains, en franchissant les monts Kwen Lun. Une descente de deux à trois mille mètres, et nous sommes dans le Turkestan chinois.

IV

LE TURKESTAN CHINOIS ET LE DÉSERT DE GOBI.

De même que toute la région septentrionale de l'Afrique comprise, approximativement, entre les degrés 10 et 30 latitude nord, est occupée par le Sahara et ses extensions, auxquelles on a donné différentes appellations, de même le désert de Gobi couvre toute la partie chinoise de l'Asie centrale située entre les degrés 38 et 42. En longitude, le Gobi s'étend entre les degrés 79 et 110 Est, englobant le Turkestan chinois et, partiellement, la Mongolie.

Toute la zone désertique occidentale à laquelle appartient le bassin du fleuve Tarim, — ou, pour parler plus exactement, le bassin de Lop dans lequel vient se perdre le Tarim, — a reçu le nom de Takla-Makan (carte 3), bien que, en réalité, ce nom doive s'appliquer plus spécialement à la région sud-ouest du désert, entre les rivières Yarkand-Darja et Chotan-Darja. La zone au sud de l'ancien lac de Lop-Nor (Lob-Nor) (1), le Kara-Koschun-Kul actuel, est qualifiée par les déserts de Tarim et de Tjertjen (Tschert-

---

(1) Nous devons répéter pour le Turkestan, comme d'ailleurs pour toutes les régions dont nous avons à parler dans le présent travail, ce que nous avons dit de l'orthographe ou de l'énoncé des noms propres tibétains. Qu'il s'agisse de noms de personnes, de localités, de montagnes, de cours d'eau, de lacs, etc., on se trouve toujours en présence de plusieurs manières de les écrire, dans les documents ou sur les cartes, selon les auteurs. C'est une question de linguistique dont nous n'avons pas à nous occuper. L'essentiel est qu'on reconnaisse bien ce que nous voulons désigner. Le Dʳ S. Hedin s'est nettement expliqué à ce sujet, dans son ouvrage *The scientific Results of a Journey in Central Asia*, 1899-1902; il y aurait mauvaise grâce à se montrer plus difficile que lui.

schen), et, celle de l'est, par les déserts de Lop et de Kum-Tagh (monts de sable); enfin, on a réservé les noms de Gobi, ou de Schamo, à leur continuation jusque dans la Mongolie.

Comme limites naturelles, nous trouvons : au Nord, la chaîne des Monts-Tian-Shan (ou Monts-Célestes) et de l'Altaï, et leurs ramifications — altitude de la partie centrale 6 000 mètres; à l'Ouest, la chaîne du Trans-Alaï, où l'on remarque le pic Kaufmann, — altitude 7 010 mètres, puis les Pamirs d'où se détache sur le territoire chinois même le Muz-Tagh-Ata ([1]), altitude 7 860 mètres; au Sud, la chaîne du Karakorum, avec le pic Dapsang (nommé par les Anglais le Mont Goodwin Austin), — altitude 8 620 mètres, qui est le sommet le plus élevé du globe après le Mont Everest; puis, toujours au Sud, les Monts-Kwen-Lun et les prolongements de l'Altyn-Tagh et du Nan-Shan, dont l'altitude varie entre 5 000 et 6 000 mètres; vers l'Est on ne rencontre pas de grandes élévations. Sur toutes ces montagnes, la limite des neiges éternelles commence notablement plus bas que sur le versant sud des chaines de l'Himalaya, et elles comptent, *à altitude égale,* relativement un bien plus grand nombre de glaciers —, mais de proportions assez faibles —, dont beaucoup descendent vers les vallées. Les plus grands glaciers n'ont pas plus de 12 à 20 kilomètres de longueur. Même dans nos Alpes, on en rencontre assez bien qui ont plus d'étendue.

Si nous envisageons seulement le Turkestan chinois, nommé aussi Turkestan oriental, la contrée a une étendue d'environ 2 000 kilomètres de l'Est à l'Ouest, et de 500 à 600 kilomètres du Nord au Sud.

Nous sommes ici au cœur de l'Asie centrale. Au lieu d'un rayonnement de vie sur cet immense territoire, ce

---

(1) En Khirgize, Muz (Mouz) = glace; Tag ou Tagh = montagne; Ata = père. Muz-Tagh-Ata = Père des monts de glace.

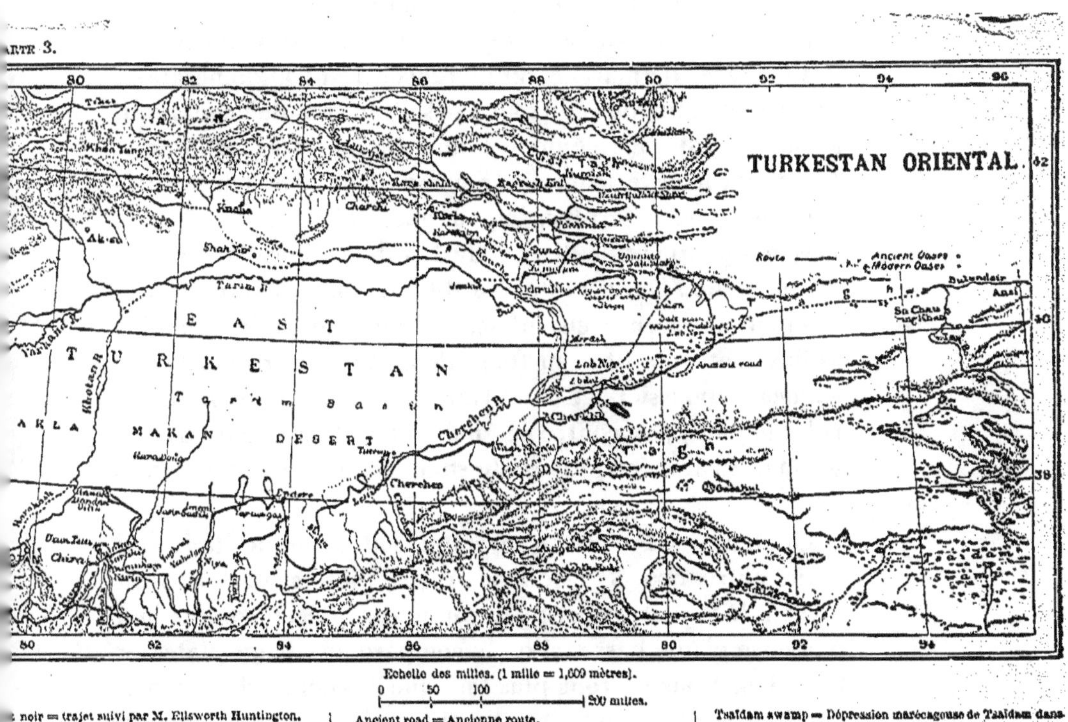

Echelle des milles. (1 mille = 1,609 mètres).

0   50   100   200 milles.

noir = trajet suivi par M. Ellsworth Huntington.
...kestan = Turkestan oriental.
... = Plaine salée.

Ancient road = Ancienne route.
Region anciently covered with villages = Région couverte jadis de villages.

Tsaïdam swamp = Dépression marécageuse de Tsaïdam dans le Tibet.

sont, au contraire, les sables mortels des déserts qui, d'après certains explorateurs, tendent toujours davantage à se répandre au loin, ensevelissant hommes et choses, convertissant tout en une vaste nécropole dans laquelle se conservent admirablement, en raison de la sécheresse du climat, les ruines et les reliques du passé. Ces déserts sont cités parmi les plus dangereux de notre globe.

Dans certaines de leurs régions, pendant des journées et des journées de marche, on ne rencontre ni agglomération, ni être humain ; on n'y trouve pas d'eau, pas de végétation, aucun animal, pas même une mouche ou un autre insecte. Leur traversée est aussi rendue difficile par leurs nombreuses dunes. De plus, les ouragans n'y sont pas rares. Des vents furieux de l'Est et du Nord-Est dans l'une partie du pays, de l'Ouest et du Nord-Ouest dans l'autre partie, soufflent alors en creusant les couches de sable, dont les grains sont emportés en tourbillons, formant de véritables vagues de poussière. En été l'air, et surtout le sol, sont torrides le jour ; par contre les nuits sont très froides. Aussi les fouilles archéologiques n'y sont possibles qu'en hiver.

Quoique le Turkestan oriental soit à une altitude qui varie entre 900 et 1 400 ou 1 600 mètres au-dessus du niveau de la mer, encore peut-on le considérer comme une immense plaine basse, si on le compare aux hauts plateaux tibétains. Nous verrons plus loin que des dépressions considérables s'y trouvent. Au Nord, au delà de la chaîne de l'Altaï, dans la Mongolie et jusqu'aux confins de la Sibérie, le sol se relève de quelques centaines de mètres, mais sans dépasser 1 700 ou 1 800 mètres, à part dans certaines parties alpestres.

Le climat du Turkestan chinois est nettement désertique et continental. Il est dû, non à l'altitude de la contrée, mais à sa position, loin des mers, au centre du plus vaste continent de la Terre.

Les vents perdent sur leur parcours l'humidité dont ils se chargent en passant au-dessus des océans, et les nuages — sauf ceux qui circulent dans les parties très élevées de l'atmosphère, — sont arrêtés par les hauts massifs qui, comme des barrières, encerclent le pays —, à part vers l'Est —, et le font ressembler à une vaste cuvette desséchée. Et de l'Est encore, malgré l'absence de grandes montagnes, aucun secours n'est à attendre. L'océan Pacifique est trop loin — 1 200 à 1 400 kilomètres jusqu'aux monts Khingan qui forment, vers la Mandchourie, la limite du désert de Gobi. L'extrémité orientale de celui-ci reçoit le reste de l'humidité qui peut arriver de cet océan jusque là, puis une étendue désertique de 1 600 kilomètres en longitude, la sépare encore du centre de la contrée qu'occupe le Lop-Nor. Aussi, au lieu d'une brise bienfaisante, il souffle souvent de l'Est un vent terrible qui dessèche tout et provoque les ouragans dont nous avons déjà fait mention.

On ne possède pas, pour le Turkestan oriental, de séries d'observations météorologiques régulières, — nous les donnerons plus loin pour le Turkestan russe ou occidental —, mais on a pu relever, cependant, qu'à Yarkand, ville de 60 000 habitants selon les uns, de plus de 100 000 habitants selon d'autres, située à 1 200 ou 1 300 mètres d'altitude dans la région sud-ouest du bassin du Tarim (carte 3), à proximité de la rivière Yarkand-Daria, il ne tombe en moyenne que 46 millimètres de pluie annuellement, ce qui correspond à peu près aux précipitations aqueuses recueillies à El Golia, dans le Sahara, au sud de l'Algérie. Rappelons que la moyenne de la hauteur d'eau reçue annuellement en Belgique est d'environ 750 millimètres.

A Pamirski-Post, dans les Pamirs, poste militaire russe situé à l'altitude de 3,640 mètres, à l'ouest de Yarkand, cette moyenne annuelle est de 62 millimètres.

La pluie est d'ailleurs rare dans la plupart des régions

désertiques dont nous parlons. Dans certains endroits, elle tombe une ou deux fois par année en quantité suffisante pour mouiller le sol, mais non pour s'écouler et former un courant. Enfin, tous les dix ans, environ, un nuage crève et des flots d'eau ravagent alors les maisons et les champs dans les lieux habités.

On n'y voit jamais, ou presque jamais de neige. Cependant, Hedin a trouvé dans le désert de Tchertchen, une couche de neige de 20 centimètres d'épaisseur ensevelie et conservée sous une couche de sable.

Les choses ne se présentent pas de même sur les hautes montagnes formant la bordure des bassins du Tarim et de Lop. Celles-ci arrêtent les vapeurs de l'atmosphère, qui se condensent en pluie ou se changent en neige, et tombent beaucoup plus abondamment que dans les plaines. Ces précipitations alimentent les glaciers existants, ou en formation; ceux-ci fondent, ainsi que les neiges, sous l'action des rayons solaires, très ardents.

Ainsi l'eau dévalant des montagnes vient entretenir les rivières du Turkestan chinois qui, sans cet apport, sera'ent bientôt complètement à sec; toutes prennent leur source dans l'une ou l'autre partie de la bordure montagneuse.

Sur les montagnes, les précipitations aqueuses ou solides — pluies ou neiges —, augmentent à mesure qu'on s'élève; il en est du moins ainsi jusqu'à une certaine altitude. Quand, comme c'est le cas ici, les hautes montagnes se dressent immédiatement au-dessus de plaines désertiques, plutôt basses, cette différence de régime des eaux est saisissante, bien que l'augmentation absolue des précipitations ne soit relativement pas plus grande que dans des pays plus favorisés, au point de vue de l'humidité.

L'effet sur la végétation est surtout remarquable. Quand on fait l'ascension du versant sud-ouest des monts Tian Shan, par exemple, l'abondance des précipitations peut s'évaluer d'après la richesse relative de la végétation. Elles augmentent régulièrement jusqu'à l'altitude de 2 700 ou de 3 000 mètres; devant soi, un monde de plantes se révèle alors d'une façon absolument luxuriante. Rappelons encore que, sur nos Alpes, la végétation cesse pour ainsi dire à partir de 2 000 mètres, environ.

Au commencement de juillet 1903, le savant américain Ellsworth Huntington a fait, sous les auspices de la *Carnégie Institution* de Washington, une étude spéciale de la région. Il a constaté des pluies presque journalières sur les sommets des montagnes et sur leurs versants ouest; le sol y fumait, pour ainsi dire, sous l'influence de la chaleur des rayons solaires. Pendant tout l'été, à de grandes altitudes, des orages, accompagnés de pluies, sévissaient fréquemment au loin dans la région Est des monts Tian Shan et Altaï.

Mais, vers 3 600 mètres d'altitude, c'était la neige qui tombait, au lieu de pluie, même pendant les journées les plus chaudes, et ces chutes de neige étaient très fréquentes. La nuit il gelait fort, lorsqu'on se trouvait à une altitude de 3 000 mètres, ou davantage.

Lors de son passage, au commencement de juillet 1904, du versant Sud-Ouest à celui Nord-Est de la chaîne de Kugart, à 3 200 mètres d'altitude, entre Andijan — terminus du chemin de fer trans-caspien —, et le Son-Kul (lac), dans le Turkestan russe, Huntington remarqua un contraste, plus frappant encore, entre la végétation des montagnes bien arrosées et celle des plaines, presque à sec. Le matin, il traversa une région où la pluie tombe presque journellement. Le sol était couvert d'une verdure sombre ou d'une grande variété de fleurs. L'air frais, humide, le déplacement des nuages et les fréquentes averses donnaient l'illusion d'une journée du commencement de mai.

Quelques heures après, sur l'autre versant, quel triste

spectacle ! Une contrée stérile, à peine couverte d'une herbe maigre avec, de-ci de-là, quelques iris chétifs, ou des rochers complètement dénudés et des routes disparaissant sous une épaisse couche de poussière !

Ce contraste augmente encore, sans être cependant aussi subit, lorsqu'on considère le versant Nord du massif principal des monts Tian-Shan, vers le lac Issik-Kul, et le versant Sud, vers Kaschgar et le bassin désertique du Tarim. Le premier versant est couvert de verdure du sommet à la base. Les vallées consistent en profondes percées, riches d'une végétation herbacée touffue ; leurs pentes disparaissent sous les arbrisseaux d'épine-vinette ou de roses sauvages. Un gazon épais, ou de magnifiques conifères en plein développement garnissent les flancs de la montagne principale. Même sur les parties plates des sommets, la verdure se maintient sous forme d'une herbe grasse, émaillée de fleurs.

Sur le versant Sud de la chaîne faisant face au désert intérieur, la végétation herbacée et les arbustes subsistent, mais moins abondants, moins vigoureux jusqu'aux altitudes supérieures à 3 000 mètres. Les parties plus basses sont arides et ont un aspect misérable. Des roches nues, déchiquetées, sont séparées, les unes des autres, par de larges lits de torrents remplis de gravier.

Dans le premier exemple donné, — contraste entre les deux versants opposés de la chaîne de Kugart qui suit la direction transversale Nord-Ouest vers le Sud-Est —, la différence de la vie végétale de chacun d'eux provient, presque entièrement, de la prédominance de certains vents et de la condensation, au-dessus du versant Sud-Ouest, de la vapeur d'eau dans l'air et de son refroidissement à mesure qu'elle s'élève. Ces deux causes produisent, pour une bonne part, la différence de végétation signalée, dans le second exemple, entre les versants Nord et Sud du massif principal du Tian-Shan. Mais un troisième élément entre encore en jeu ici ; c'est que, dans l'hémisphère boréal, les versants Sud des montagnes reçoivent bien plus de soleil que les versants Nord. Les uns sont donc plus secs en été que les autres, ce qui est défavorable à la végétation, et, en hiver, ils sont plus sujets au gel et au dégel, ce qui provoque une rapide usure et la destruction des roches, ainsi qu'un escarpement plus prononcé des pentes. Ces dernières circonstances viennent s'ajouter aux conditions défavorables à la vie végétale des versants méridionaux. Dans maintes régions des monts Tian-Shan, on a ainsi des différences marquées, à quelques centaines de mètres de distance, entre les versants Nord et Sud [1].

En parlant du climat du Turkestan russe, sur lequel nous possédons une assez longue série d'observations, nous verrons combien les variations extrêmes et brusques de température — ce que nous rencontrons dans toutes les régions étudiées jusqu'ici — sont néfastes pour les roches.

Ajoutons encore ici, que les eaux provenant de la fonte des neiges et des glaciers descendent en torrents des versants Sud, en raison même de l'escarpement des pentes et de l'absence d'une couche de terre suffisante pour les absorber. Ces eaux ravagent tout sur leur passage.

En parlant des montagnes du Turkestan, Huntington décrit quelques-unes des relations qui existent entre les faits inanimés d'un pays, sa *physiographie,* et les faits animés, ou son *ontographie*.

Dans toutes les contrées, ce sont les formes inférieures de la vie qui supportent les formes les plus élevées ; l'existence des animaux dépend absolument de celle des plantes. Par conséquent, les conditions qui sont les plus favorables pour déterminer la distribution et le caractère des plantes.

---

[1] Ellsworth Huntington, « The mountains of Turkestan ». *Geog. Journ.*, Jan. 1905.

le sont aussi indirectement pour les animaux, et finalement pour l'homme. Le sol, l'eau et les rayons solaires, sont les trois facteurs auxquels la vie des plantes est surtout liée, mais ils sont d'importance inégale. Si ces conditions, en ce qui concerne l'eau ou les rayons solaires, sont défavorables, les plantes ne croîtront pas quelque bon que soit le sol, tandis que si, au contraire, elles sont favorables, la végétation sera florissante, même dans un sol très pauvre.

La distribution de l'eau et l'action des rayons solaires sont subordonnées, dans certaines limites, aux formes de la surface envisagée : vallées, bassins, collines, montagnes, et de l'exposition au Nord ou au Sud ; mais, en général, elles sont l'expression du climat de la contrée. Celui-ci est donc, de loin, l'élément principal qui détermine la distribution des plantes, et, par suite, celle des animaux et de l'homme. Ceci est si universellement vrai, que le caractère de la végétation est continuellement invoqué pour apprécier le climat d'une région.

Les monts Tian-Shan et leurs ramifications dans les Turkestan russe et chinois, offrent la preuve visible de l'exactitude de ces considérations. Ainsi, au cœur de l'Asie centrale, à des distances relativement faibles des déserts mortels, ces montagnes offrent, au point de vue de la végétation, les caractéristiques principales suivantes : 1° contrastes frappants et brusques dont nous venons de donner des exemples ; 2° absence d'arbres à une altitude supérieure à 3 000 mètres environ ; 3° abondance extraordinaire et richesse de l'herbe, même à plus de 3 000 mètres et jusque environ 4 000 mètres d'altitude ; 4° grande variété et beauté des fleurs ; 5° nombre considérable de plantes, grandissant à l'état sauvage, qui ne sont connues dans les pays civilisés que par leur culture dans les jardins.

Notons quelques-unes de ces plantes : le pommier, l'abricotier, le prunier, l'asperge, le chrysanthème, l'ancolie bleue et la pourpre, le crocus, l'héliotrope, l'olive, l'ail, la pensée ou violette tricolore, la pivoine, les flox, le pavot rouge et jaune, la rhubarbe, la rose rouge, la jaune et la blanche, la tulipe. Nous citerons encore : le large géranium bleu, l'épine-vinette, la gentiane, l'edelweiss (la fleur rare de nos Alpes), la renoncule, le coucou.

Toutes ces plantes appartiennent plutôt à la zone tempérée, mais elles se sont adaptées au climat, passant des températures très élevées de l'été, aux froids intenses de l'hiver; pendant cette dernière saison, leur vie est comme suspendue.

On voit immédiatement que cette végétation est moins vigoureuse et moins riche que celle du Tibet méridional, quoiqu'elle croisse à des altitudes inférieures à celles de ce dernier pays, mais elle l'emporte, néanmoins, de beaucoup sur la végétation de nos montagnes d'Europe à altitude égale. La *latitude* à laquelle se trouvent les régions considérées, est, encore une fois, cause de cette différence. Rappelons que le nord du Turkestan chinois se trouve à une latitude à peu près égale à celle des pays d'Europe bordés par la Méditerranée. Grâce au voisinage de la mer, ceux-ci jouissent d'un climat moins extrême et à variations moins brusques.

Les animaux se sont aussi accommodés au climat, dans une certaine mesure. Cette adaptation n'égale cependant pas celle des plantes et il en est ainsi, notamment, pour ceux des grandes espèces, entre autres pour les mammifères, qui s'y maintiennent peu. L'animal qui s'est le mieux accommodé au climat des hautes montagnes du Turkestan, est la marmotte qui y pullule. Elle vit à des altitudes comprises entre 2 700 et 3 600 mètres. L'hiver elle se terre sous les anciennes moraines des glaciers, et reparait aux beaux jours, dans les endroits où l'herbe est abondante.

A la base des montagnes s'étend une large bande de gravier, semblable à une vaste grève, ayant de *seize à quatre-*

vingts kilomètres de largeur. Sauf celle des plus grandes rivières, l'eau dévalant des pentes disparait comme par succion dans les interstices poreux du gravier. Faisant suite à cette zone de cailloux mêlés de gros sable, vient une bordure argileuse où l'eau reparait en jaillissant ou en mouillant le sol. Ou bien, en creusant celui-ci, l'eau se rencontre à de faibles profondeurs, de 20 à 30 centimètres; elle est alors souvent saline.

Cette bordure est cultivée, ou elle est couverte d'une végétation arborescente, dans laquelle les peupliers noueux, les tamaris et les roseaux dominent. Elle a une largeur variant entre une quinzaine et une trentaine de kilomètres, mais elle va en diminuant, à mesure qu'on s'avance vers l'Est, et elle disparaît pour ainsi dire complètement lorsqu'on approche du Lop Nor, à environ 1 600 kilomètres de Kashgar.

C'est dans cette zone, et le long des rivières, que se trouvent toutes les localités habitées, et les oasis, parce que c'est là seulement qu'on rencontre, dans ces contrées, les conditions favorables à l'existence. Ainsi s'explique, malgré l'énorme étendue du Turkestan chinois, la faible densité de sa population, évaluée approximativement à 1 million d'habitants, dont plus de 600 000 résident dans la partie Sud-Ouest du bassin du Tarim, où se concentrent les villes ou les agglomérations les plus importantes. Ajoutons que, d'après des indices certains, la lutte contre l'envahissement des sables est commencée; la population tend aussi à augmenter. Nous en parlerons plus loin.

Au-delà de cette zone, vers l'intérieur, il n'y a que les déserts (voir carte 3). Dans la plus grande partie de leur étendue, l'eau manque, même en creusant le sol à deux ou trois mètres de profondeur.

Vers le centre, à l'est de Charklik, près du 90e degré de longitude E, est située l'immense plaine saline de Lop, dans laquelle se trouve le lac de ce nom. Celui-ci s'est déplacé vers le Sud, en se rapprochant d'Abdal (voir carte 3) et porte actuellement le nom de Kara-Koshun. En réalité, ce lac n'a plus, pendant plusieurs mois de l'année, qu'une trentaine de centimètres de profondeur dans certaines de ses parties, et le reste est souvent réduit à l'état de marécages.

C'est dans les dépressions formées par son ancien et par son nouveau lit, qu'aboutissent, réduites à bien peu de chose, la grande rivière Tarim, venant de la direction Nord-Ouest, et la rivière Cherchen, du Sud-Ouest.

Sven Hedin l'appelle un lac vagabond parce que, au cours des siècles, il s'est déplacé. Découvert par l'explorateur russe Przhevalski (Prjevalski), puis étudié par Hedin et ensuite par Huntington d'une façon approfondie et systématique, on connaît maintenant les principaux faits qui s'y rattachent. Il figure sur les anciennes cartes chinoises à un degré plus au Nord, — soit à environ 111 kilomètres —, de sa position actuelle. Sa superficie était d'environ 120 kilomètres, dans chaque sens, au commencement de l'ère chrétienne; il était plus profond que de nos jours, malgré les prises d'eau considérables faites, pour les irrigations, par les nombreuses populations riveraines de Lop Nor et du Tarim. Dans les premiers siècles de notre ère, le lac perd de ses dimensions quoique les emprunts soient moindres, les villes du pays de Lulan, qui le bordent, étant abandonnées. Au moyen âge, une expansion du lac se produit; elle ne peut être attribuée à une diminution des prises d'eau au lac ou à ses affluents car, à cette époque, la population est encore plus dense qu'actuellement, quoique cependant moindre qu'au temps de la splendeur bouddhiste, un millier d'années auparavant. Finalement, nouvelle réduction des dimensions du lac et du nombre de ses riverains.

On explique de plusieurs manières le déplacement du lac. De l'ensemble des observations de Hedin et de Huntington, on peut inférer qu'il est dû à plus d'une cause.

Son principal affluent, le Tarim, s'est subdivisé en plusieurs branches près de l'embouchure ; leurs eaux s'évaporent ou vont se perdre dans le sable. L'apport d'eau apporté au lac a donc notablement diminué. D'autre part, le lit de l'ancien et celui du nouveau lac consistent en deux dépressions ou bassins peu profonds.

Le Lop Nor des cartes chinoises occupait le bassin Nord, et le Lop Nor moderne, ou Kara-Koshun, celui du Sud. Le limon, ou la vase apportée par le Tarim, le sable déposé par le vent, les résidus des plantes et des arbres, — roseaux, tamaris ou peupliers —, ceux des cadavres d'animaux, doivent rapidement remplir la faible dépression occupée par les eaux, et tendre à élever celles-ci au-dessus du niveau du bassin voisin à sec, dont le fond est constamment creusé par le vent qui en enlève le sable ou la vase séchée. Le premier bassin finit par déborder et se vider dans la dépression dont le niveau est plus bas. Celle-ci se remplit d'eau pour se combler ensuite à son tour par la vase et les résidus, pendant que le vent creuse le second bassin vidé. Et le jeu recommence.

Jusqu'ici, on n'a pu déterminer le temps nécessaire à chaque changement, mais, quel qu'il soit, « sa durée n'a pas la valeur d'une seconde sur l'horloge des époques géologiques », selon l'expression de Hedin imitée de celle de Lamarck.

Toute l'immense plaine salée, à l'est du Lop Nor, est d'une désolation effrayante. D'après Huntington, sur un espace comparable en étendue à celui de la Grande-Bretagne et de l'Irlande, il n'y a pas un seul habitant. A part les régions polaires, il n'existe probablement pas une autre contrée aussi abandonnée sur toute la surface de la Terre !

De même que la caravane de Sven Hedin fut presque complètement anéantie dans le désert de Takla-Makan en avril 1895, de même celle de Huntington fut près de sa perte dans la région de Lop Nor, en janvier 1906, et cela par suite d'un incident bien singulier. Depuis sept jours, les chameaux de la caravane, qui portaient les vivres, de la glace qu'on faisait fondre pour avoir de l'eau, le bois de chauffage, les bagages et les objets de campement, n'avaient plus eu à boire. La température descendait la nuit à —25° centigrades.

La caravane s'était reposée un jour. A ce moment, les chameaux disparurent, ayant senti au loin des chameaux sauvages, parmi lesquels... des femelles, sans doute. Dans le Turkestan chinois, notamment, le chameau se trouve à l'état sauvage. Les recherches faites pour retrouver les fuyards restèrent d'abord infructueuses. Leur perte pouvait amener la mort de toute la caravane, car Tikkenlik, le poste de ravitaillement le plus rapproché, était distant de 240 kilomètres. Le conducteur des chameaux, un Mahométan, avait oublié de leur mettre des entraves. Il se mit à leur poursuite seul, à l'insu de Huntington, au milieu du désert. Sachant que le salut de la caravane dépendait du succès de ses recherches, cet homme accomplit un *raid* étonnant. Sans boire, sans manger, à peine couvert et par une température d'environ —25° centigrades qui devait le tuer s'il s'était arrêté, il parcourut *plus de 80 kilomètres en vingt heures* sur un sol gelé, bosselé, inégal comme un champ retourné par la charrue, entrecoupé de dunes qui rendaient les recherches encore plus difficiles! Il ramena les chameaux, mais il était à bout de forces. L'habitude des privations du désert, dit Huntington, peut seule donner une endurance aussi extraordinaire ([1]).

A environ 450 kilomètres au nord d'Abdal (Kara-Koshoun) (carte 3), au milieu de la chaîne des monts Tian Shan, existe une autre dépression qui présente aussi un vif

---

[1] Ellsworth Huntington, « Lop Nor. A Chinese Lake ». *Bull. Amer. Geog. Soc.* New-York. Février 1907.

intérêt. C'est celle de Turfan, mesurant approximativement 120 kilomètres de l'Est à l'Ouest, et 40 kilomètres du Nord au Sud, en ne tenant pas compte de la zone, assez large, composée de gravier.

Quoique au cœur de l'Asie centrale, la région de Turfan offre cette particularité remarquable que, sur une grande étendue, *le niveau du sol est d'environ 100 mètres au-dessous du niveau de la mer*. Bordée au Nord et à l'Ouest par les pics neigeux des monts Bogdo, — altitude de 3 600 à 4 200 mètres, au Sud par le Cheul Tagh, ou monts du Désert, ainsi nommés à cause de leur aridité, cette région représente une vaste cuvette, dont le fond est extraordinairement profond par rapport aux hauts plateaux et aux montagnes de l'Asie centrale.

Une dépression aussi anormale ne peut provenir que d'un effondrement de la croûte terrestre, ainsi que le dit Suess [1]. Une partie est occupée par des marais salants, une autre est habitée et enfin, à l'Est, un millier de kilomètres carrés est couvert de sable; le tout offre l'aspect d'une plaine de sédiments provenant de la bordure montagneuse qui l'environne.

Le sable de la partie Est y a été transporté par les vents du Nord-Ouest qui dominent, et font souvent rage dans la dépression de Turfan. Il y est accumulé en dunes atteignant jusque 150 ou 200 mètres de hauteur; elles comptent probablement parmi les plus élevées qui existent. Ce sable est de couleur sombre, parce que les matières dont il est formé proviennent des montagnes voisines, dont les roches ont été clivées par les changements brusques et profonds de la température, usées, broyées et détruites par l'action combinée de ce phénomène et de ceux provoqués par l'érosion des eaux et les effets des vents violents qui soufflent dans une même direction pendant une bonne partie de l'année. Et

---

[1] SUESS, *La face de la Terre*, t. III, passim.

comme ces roches sont surtout formées de lave basaltique, dont la couleur est noire, le sable a la même teinte.

De nombreux cours d'eau descendent des montagnes; aucun n'est permanent, ni continu. Un seul atteint les marécages salés du fond de la dépression, mais pendant quelques mois de l'année seulement. L'eau des autres rivières s'évapore en route, ou se perd dans la couche de graviers et dans le sol. Pour avoir de l'eau et irriguer leurs champs, les habitants creusent des puits et des espèces de galeries souterraines qui aboutissent à la nappe aquifère, — toujours plus ou moins saline. Le tout forme un système, nommé « kariz » qui, depuis la fin du XVIIIe siècle, a été importé de Perse, où il existe depuis longtemps. Les « kariz » rendent de grands services à la population. Précédemment, l'eau de surface et celle des puits, suffisaient pour alimenter la population mais, vers l'époque indiquée, le pays de Turfan était pour ainsi dire abandonné, faute d'eau. L'usage des kariz a fait changer la situation. C'est une constatation importante sur laquelle nous reviendrons.

Le climat de la dépression de Turfan est typique par sa sécheresse, par les extrêmes de la température et par la violence des vents du Nord-Ouest.

Le thermomètre y descend, en hiver, à —20° centigrades, et en dessous. La température *moyenne* de janvier 1894, fut de —9.5° C., et le minimum absolu de —21° C. En Belgique, la *moyenne* de janvier est de +1,4° C., quoique le thermomètre s'abaisse aussi parfois à —20°, et plus bas encore, pendant le dit mois. Le 5 mars 1906, un jour bien ensoleillé, Huntington constata —19° C. au lever du soleil, et +12° C. à midi, à l'ombre.

Mais dès mars, la chaleur augmente notablement dans le jour. En 1894, une expédition russe releva que la température moyenne *mensuelle*, à l'ombre, était respectivement de

+31° en juin et en août, et de +33° C. en juillet; le
maximum absolu à l'ombre atteignit +48° C. En Belgique,
les températures moyennes de juin, juillet et août sont,
respectivement, de 16,1°, 17,6°, 17,3°; maximum absolu
le plus élevé de ces mois 35,3°.

On devine ce que sont les températures au soleil, alors
surtout que la composition du sol rend le rayonnement particulièrement intense. Aucun animal n'y résiste, sauf l'âne
très utilisé dans la contrée en raison de son endurance. Les
chevaux, les vaches, les moutons, les chameaux meurent si
on ne les conduit pas, en été, dans les montagnes. Tout travail est impossible pendant cette saison.

Comme compensation, disons que ce climat exceptionnel
exerce une grande influence sur la maturation des fruits,
qu'il active. Ils y sont exquis. Déjà, en mars, les pommes,
les poires, les raisins, les melons, et une très grande variété
d'autres fruits y sont d'un goût délicieux. Au nord de
Turfan, à Tuyok, petite localité comprenant environ
250 familles, toute la population s'occupe de la culture d'un
raisin spécial, destiné à la table de l'empereur de Chine;
Huntington dit n'en avoir jamais mangé de meilleur.

En plein été, les fruits sont encore plus savoureux. La
chaleur est alors telle que le melon, coupé en tranches, sèche
au soleil. Sur la plus grande partie du globe, cette cucur-
bitacée pourrirait bien longtemps avant d'être sèche (1).

Au point de vue de l'archéologie et de l'étude des civilisations anciennes, le pays de Turfan offre un intérêt exceptionnel. Toute la contrée est parsemée de ruines. Des missions étrangères, telles que celles envoyées par l'Allemagne
sous la direction de Grünwedel et von Le Coq, directeur de

____

(1) ELLSWORTH HUNTINGTON, *The Depression of Turfan*. (GEOG. JOURN., sept. 1907.)

l'Institut ethnographique de Berlin, étudient la contrée de façon systématique depuis peu d'années. Le résultat de leurs recherches n'a pas été publié, jusque maintenant, de façon complète. On peut espérer que de sérieuses déductions, contribuant à répandre quelque lumière sur la question du desséchement de l'Asie centrale, pourront en être tirées. Avant d'aborder plus directement celle-ci, il nous reste à parler du Turkestan russe.

V

LE TURKESTAN RUSSE

L'exposé des phénomènes météorologiques et climatologiques du Turkestan russe, nommé aussi Turkestan occidental, se lie intimement à notre sujet.

Cette contrée touche à l'Est, sur une grande étendue, au Turkestan chinois dont elle est séparée par le système montagneux des Pamir et du Tian-Shan. Le Syr Daria, au nord, l'Amu-Daria (l'Oxus), au sud, et le lac Aral à l'ouest, dans lequel ces deux fleuves se jettent, forment les limites naturelles de cette partie du Turkestan russe, que Rickmers appelle le Duab, ou pays des deux rivières, par analogie avec l'appellation adoptée dans l'Inde pour le Pendjab, ou pays des cinq rivières (¹). On doit y rattacher la partie du pays montagneux situé au nord du Narym (voir carte 4), nom donné au cours supérieur du Syr Daria et dont le point le plus éloigné est le lac Issyk-kul.

La région considérée mesure en latitude 8 $^1/_2°$, soit environ 930 kilomètres, et 17 $^1/_2°$ en longitude, ou 1 600 kilomètres. Sa latitude générale, du Nord au Sud, est à peu près égale à celle de l'Italie. Enfin, la différence de niveau comporte 3 600 mètres.

On sait que toute la contrée, y compris les khanats de Boukhara et de Khiva, appartiennent actuellement à la Russie, soit directement, soit sous forme de protectorat.

Outre l'observatoire astronomique de Taschkent, —

---

(1) RICKMER RICKMERS, « The Fan Mountains in the Duab of Turkestan ». *Géogr Journ*. Octobre et novembre 1907.

capitale du Turkestan occidental —, dix-sept stations météorologiques ont été installées par le gouvernement russe dans cette vaste contrée. Ce sont leurs observations, faites régulièrement depuis plus de dix ans, qui ont servi de base au travail de M. de Ficker auquel nous nous référons principalement dans le présent chapitre. Nous possédons ici un ensemble de matériaux scientifiques qui font partiellement défaut, jusqu'à ce jour, pour le Tibet et le Turkestan chinois (1).

Certes, on peut soutenir la thèse qu'une série de dix années d'observations « est insuffisante pour détruire complètement l'effet des variations accidentelles », qui faussent souvent les résultats d'ensemble ou les moyennes. Plantamour l'a démontré dans un mémoire consacré à certaines régions de la Suisse (2). Cette réserve s'impose surtout lorsque, de ces données, on veut tirer des conclusions générales applicables à la solution d'un problème aussi important et aussi complexe que celui du desséchement de l'Asie centrale. Mais, cette réserve faite, on peut affirmer qu'elles fournissent une base sérieuse, qui manque ailleurs, pour l'appréciation de l'un des aspects de ce problème et, à ce titre, l'étude de M. de Ficker mérite tout spécialement de fixer l'attention.

---

(1) Heinz von Ficker, « Zur Meteorologie von West Turkestan ». *Denksch. d. Math.-Naturw. Kl. d. Kais. Akad. d. Wiss.*, vol. 81. Vienne, 1908. Nous adressons ici nos plus vifs remerciements à M. de Ficker pour l'obligeance avec laquelle il a mis son mémoire à notre disposition.

Son travail a été élaboré d'après les documents officiels publiés en langue russe par les dix-sept postes météorologiques installés dans le Turkestan occidental. L'auteur s'est imposé le long et fastidieux labeur d'analyser les si nombreuses listes de chiffres que contiennent ces documents, pour en extraire le suc, dirons-nous, établir les moyennes par le calcul, et enfin en tirer des conclusions à la portée de la masse des lecteurs. Il s'est aidé également des travaux de Schwarz, ancien directeur de l'observatoire de Taschkent, et de ceux du voyageur danois Olufsen, dont il sera aussi question. En outre, de précieux renseignements lui ont été fournis par sa sœur, Mᵐᵉ de Ficker, qui accompagnait M. et Mᵐᵉ Rickmers, durant le voyage d'études que ceux-ci ont effectué dans le Turkestan russe en 1906.

(2) Plantamour, professeur d'astronomie à l'Académie de Genève. « Résumé des observations thermométriques et barométriques faites à l'observatoire de Genève et au Grand Saint-Bernard, pendant les dix années 1841 à 1850. »

Ci-après la liste de ces dix-sept postes :

TABLEAU I.

STATIONS.	Latitude Nord.	Longitude Est de Greenwich	Altitude.
Kasalinsk	45°45'	62o 7'	63ᵐ
Petro-Alexandrowsk.	41,28	61, 5	85
Turkestan	43,18	68,17	215
Kerki	37,50	65,13	245
Termez	37,12	67,15	310
Chodschent	40,18	69,38	324
Dschisack	40, 7	67,48	386
Namangan	41, 0	71,36	438
Taschkent	41,20	69,18	478
Margelan	40,28	71,43	576
Aulie-Ata	42,53	61, 5	620
Samarkand	39,39	66,57	719
Prschewalsk	42,30	78,26	1 770
Narynsk.	41 26	76, 2	2 015
Khorog	37,27	71.39	2 105
Irkeschtam.	39,42	73,54	2 850
Pamirski-Post	38,11	74, 2	3 640

Depuis Orenbourg, à la frontière russe, jusqu'à Taschkent, soit sur une distance de plus de 2 000 kilomètres, à
peu près égale à celle de Bruxelles à Alger, se déroule une
plaine unie, constituée par les steppes. ▪ Des pyramides
d'argile, surmontées de touffes de roseaux, guident le voyageur dans cette uniformité infinie. ▪ C'est un pays mort.

Orenbourg mérite déjà une mention. D'après Sven
Hedin, le thermomètre y descend en hiver jusqu —40° C.;
en été, la chaleur y est torride et est rendue encore plus
pénible par la poussière que le vent soulève sur les steppes
et qui retombe ensuite brûlante. L'automne pluvieux transforme les rues en bourbiers où les véhicules restent enlizés.

La mer, ou plutôt le lac Aral, situé à 48 mètres d'altitude, et dont la superficie est d'environ 67 000 kilomètres
carrés, se trouve au milieu d'un paysage désertique, entrecoupé de dunes.

Un coup d'œil sur la carte 4 montre qu'il faut s'attendre
à des conditions climatériques très variées, abstraction faite
du caractère nettement continental du territoire.

CARTE 4.

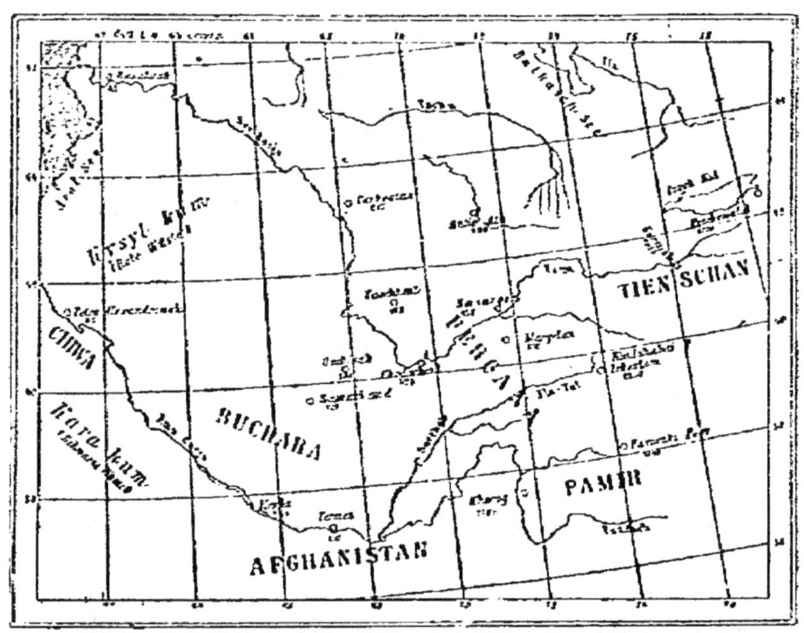

Longitude E. de Greenwich.
Rote Wüste = Désert rouge.
Schwarze Wüste = Désert noir.

Aral See = Lac d'Aral.
Balkasch See = Lac Balkasch.

Entre le Syr-Daria et l'Amu-Daria s'étend le Kysyl-
Kum, ou désert rouge. Au delà de l'Amu-Daria se trouve
le Kara-Kum, ou désert noir, et le pays de Merv.

Les prolongements des puissantes chaines de montagnes
de l'Est s'étendent jusqu'à cette région désolée, créant une
zone alpine en bordure, où se trouvent des villes très importantes, des bourgades célèbres, dont certaines remontent à
une haute antiquité : Samarkand, Dschisack, Chodschent
et Taschkent sont situées au cœur du territoire, à la limite
du désert et des montagnes.

Le bassin du Fergana (Namangan, Margelan), remarquable par la beauté de sa végétation au printemps, est situé dans cette zone de bordure; il est complètement entouré de montagnes, sauf à l'ouest, où le Syr-Daria s'est frayé passage entre les rochers.

D'après la situation géographique, l'orographie et les conditions climatériques, le « Pays des deux fleuves » du Turkestan, peut se diviser en huit districts :

1. Steppes. (Kasalinsk, Petro-Alexandrowsk, Turkestan; altitude moyenne, 121 m.)

2. Bordure méridionale. (Cours moyen de l'Amu-Daria; Kerki et Termez; altitude moyenne, 277 m.)

3. Bordure occidentale des montagnes. (Samarkand, Dschisak, Chodschent, Taschkent; altitude moyenne, 477 m.)

4. Fergana. (Namangan, Margelan; altitude moyenne, 507 m.)

5. Bordure septentrionale. (Aulie Ata; altitude moyenne, 620 m.)

6. District de Naryn et du lac Issyk-Kul. (Narynsk, Prschewalsk; altitude moyenne, 1 892 m.)

7. Cours supérieur de l'Amu-Daria et du Pändsch. (Khorog ; altitude, 2 105 m.)

8. Hautes steppes des Pamir. (Irkeschtam, Pamirski-Post; altitude moyenne, 3 195 m.)

Examinons maintenant les principales données relatives à la température, à l'humidité de l'air, aux précipitations, à la nébulosité et à la fréquence des vents; en même temps, les particularités climatériques seront exposées par district.

1. Température.

Température moyenne annuelle. — Pour augmenter la comparabilité des données, les écarts résultant des différences d'altitude ont été éliminés, comme d'usage, en réduisant les valeurs moyennes au niveau de la mer. Ci-après les résultats pour les huit districts, en comptant 0°5 C. d'abaissement de la température moyenne par 100 mètres d'altitude :

1. Steppe, 11°6; 2. Bordure méridionale, 18°4; 3. Zone de bordure occidentale, 16°4; 4. Fergana, 15°9; 5. Zone de bordure septentrionale, 13°0; 6. District de Naryn et du lac Issyk-Kul. 14°3; 7. Pändsch, 18°9; 8. Hautes steppes des Pamir. 16°8.

On voit immédiatement que dans le district 8 la température moyenne annuelle est de 5°2 supérieure à celle du district 1 (Kasalinsk), si l'on fait abstraction de la différence d'altitude de 3 000 mètres existant entre les deux districts. Mais le poste d'observation du premier (hautes steppes du Pamir) est à la latitude 38°11 (Pamirski-Post), et dans le second (steppes basses), Kasalinsk est à la latitude 45°46, soit à 7°35 plus près du pôle.

En règle générale, la température diminue en raison de l'augmentation de la latitude; plus on se rapproche des pôles, davantage l'obliquité des rayons solaires est grande. Les effets calorifiques de ces rayons sont de moins en moins sensibles, à mesure que l'obliquité de ces rayons s'accentue.

Cette diminution n'est pas uniforme sur toute la surface du globe. Des variations locales, provenant entre autres de l'orographie de la contrée ou de la sécheresse relative de l'air, l'affectent dans une bonne mesure. Ici même, dans le Turkestan russe, les moyennes annuelles de la température de Kasalinsk (altitude, 63 m.) et de Petro-Alexandrowsk (85 m.), dans la steppe basse, comparées à celles de Narynsk (2 015 m.) et de Khorog (2 105 m.), dans la montagne, accusent, pour une augmentation de latitude de 1°, une diminution de température de 1° C. dans la steppe et de 1°4 C. dans la montagne.

Diminution de la température selon l'altitude. — Pour calculer la température réduite au niveau de la mer, il a été compté une moyenne de 0°5 C. d'abaissement de la température pour 100 mètres d'augmentation en altitude. Cette moyenne est théorique, car, en réalité, cet abaissement varie notablement selon le mois considéré, le climat, la situation orographique et géographique de la localité ou de la région envisagée. C'est ce que nous montre le tableau ci-après :

TABLEAU II.

ABAISSEMENT DE LA TEMPÉRATURE par 100 mètres.	Janvier.	Février.	Mars.	Avril.	Mai.	Juin.	Juillet.	Août.	Septembre.	Octobre.	Novembre.	Décembre.	Année. (Moyenne)
Entre Samarkand 719 m. et Pamirski-Post 3 640 m.	0°61	0°70	0°50	1°45	0°44	0°45	0°40	0°33	0°37	0°42	0°50	0°69	0°49
Entre Khorog 2 105 m. et Pamirski-Post 3 640 m.	0,65	0,65	0,55	0,50	0,47	0,51	0,53	0,55	0,66	0,63	0,72	0,91	0,61
Entre Irkeschtam 2 850 m. et Pamirski-Post 3 640 m.	1,01	1,05	0,49	0,27	0,04	0,03	0,04	0,05	0,15	0,32	0,55	1,10	0,41
Entre Samarkand 719 m. et Khorog 2 105 m. . . .	0,57	0,75	0,44	0,39	0,40	0,39	0,26	0,08	0,03	0,17	0,26	0,45	0,35
Entre Petro-Alexandrowsk 85 m. et Pamirski-Post 3 640 m. . . .	0,37	0,46	0,35	0,39	0,44	0,46	0,41	0,36	0,34	0,32	0,32	0,43	0,39

L'abaissement de température est le plus rapide en hiver et, en moyenne, il est le moins prononcé en été, ce que M. de Ficker considère comme étant tout à fait l'inverse de ce qui se passe dans les Alpes. Cette différence si tranchée provient du réchauffement tout à fait extraordinaire des hautes steppes du Turkestan russe en été et de l'abaissement excessif de la température en hiver, comme nous le verrons dans un instant.

Ces écarts extraordinaires se remarquent surtout lorsqu'on compare l'abaissement de température par 100 mètres, pendant les divers mois, entre Irkeschtam (2 850 m.) et Pamirski-Post (3 640 m.). Pour une différence de niveau de 800 mètres, on trouve un abaissement de température, par

100 mètres, de 1°10 C. en décembre, et de 0°04, 0°03, 0°04 ou 0°05 seulement de juin à août inclus.

Les nombres pour le Bas Pamir (¹) fournissent une preuve de la chaleur qui y règne en été. Samarkand (719 m.) et Khorog (2 105 m.) peuvent le mieux être comparés sous ce rapport. Malgré une différence d'altitude de 1 400 mètres, la température de Khorog est, en été, à peu de chose près, la même que celle de Samarkand. Il en résulte que l'abaissement moyen annuel de la température entre ces deux stations n'est que de 0°35 C. par 100 mètres, l'un des nombres les plus bas qui puissent être observés. Il est vrai que ces deux stations sont situées dans une zone de bordure montagneuse; les écarts de température y sont toujours moins grands que dans les steppes.

Le contraire se présente toujours pour ces dernières, qu'il s'agisse des steppes basses des régions du Syr Daria et de l'Amu Daria ou des steppes du Haut Pamir. Dans les unes comme dans les autres, l'été y est relativement trop chaud et l'hiver beaucoup trop froid. C'est la caractéristique du climat du Turkestan russe, bien plus que les écarts de température attribuables à une différence d'altitude.

Les températures moyennes annuelles que nous venons de reproduire sont relativement très élevées et correspondent approximativement à celles du Midi de la France, ce qui paraît d'accord avec la latitude. Mais elles ne représentent pas seules le caractère climatérique d'une contrée. Les moyennes mensuelles et les variations moyennes ou extrêmes permettent mieux d'apprécier le climat. Nous les donnons ci-après :

---

(1) Dans le langage des Kirghizes et surtout dans le sens climatérique, Olufsen indique comme bornes du Haut Pamir, à l'Est les montagnes de Kaschgar, au Nord les steppes d'Alaï, au Sud l'Hindukouch, à l'Ouest la ligne Karakul, Jaschilkul et Kalaï-Pändsch. La contrée située à l'Ouest (provinces de Wachan, Ischkaschim, Schugnan, Roschan et de Darwas) forment le Bas Pamir. Les différences climatériques entre les deux régions sont considérables; O. OLUFSEN, « The second Danish Pamir expedition. Meteorological observations from Pamir, 1898-1899 ». Det nordiske forlag. Ernst Bojesen, 1903.

Températures moyennes mensuelles et de l'année, déduites de la période 1894-1903.

TABLEAU III.

	Janvier.	Février.	Mars.	Avril.	Mai.	Juin.	Juillet.	Août.	Septembre.	Octobre.	Novembre.	Décembre.	Année.
Kasalinsk	—11°4	— 9°3	— 2°1	9°1	19°5	24°4	26°5	24°1	17°1	8°0	—0°7	— 7°9	8°3
Petro-Alexandrowsk. .	— 5,4	— 0,4	5,8	14,1	22,8	27,0	28,6	26,5	20,0	11,6	3,4	— 1,2	12,6
Turkestan.	— 6,8	— 1,5	5,9	13,4	21,4	26,1	28,6	26,3	19,6	10,8	2,8	— 2,0	12,1
Kerki	1,8	6,3	11,7	16,8	24,5	27,9	29,0	26,8	22,0	15,3	9,6	5,1	16,5
Termez	1,9	6,5	11,8	17,4	25,4	30,8	32,0	29,2	23,7	16,3	9,9	5,3	17,5
Chodschent . . .	— 1,6	3,0	9,5	15,9	22,5	27,1	28,9	26,7	21,4	13,2	6,9	2,2	14,8
Dschisack	— 1,5	3,0	8,2	14,4	22,1	26,9	29,3	26,8	21,3	13,7	6,7	2,7	14,5
Namangan. . . .	— 3,0	1,8	9,1	15,7	21,5	25,5	26,9	24,8	20,1	12,8	6,1	1,1	13,5
Taschkent. . . .	— 1,6	2,8	8,1	13,8	20,6	25,3	27,5	25,0	19,4	12,1	6,1	2,5	13,5
Margelan	— 3,3	1,0	8,6	14,7	21,3	25,8	27,8	25,6	20,3	12,0	5,3	0,5	13,2
Aulie-Ata	— 5,1	— 2,9	2,9	10,5	18,0	22,7	25,0	22,3	16,6	8,9	2,8	— 2,8	9,9
Samarkand . . .	— 0,5	3,8	7,8	13,3	19,9	24,0	25,6	23,2	18,7	12,2	6,6	3,4	13,2
Prschewalsk . . .	— 4,9	— 3,2	1,5	6,9	12,5	15,9	17,8	16,9	13,0	6,5	0,8	— 2,7	6,9
Narynsk	—17,3	—13,9	— 3,0	5,7	11,9	15,4	17,6	16,8	12,8	4,5	—3,7	—13,1	2,8
Khorog	— 8,4	— 6,6	1,7	7,9	14,3	18,5	22,0	22,0	18,0	9,7	3,0	— 2,9	8,4
Irkeschtam . . .	—10,4	— 8,3	— 2,8	2,3	7,4	10,9	13,6	13,2	9,1	2,5	—3,7	— 8,1	2,1
Pamirski-Post. . .	—18,4	—16,6	— 6,7	0,2	7,1	10,7	13,9	13,6	7,9	0,0	—8,0	—16,8	—1,1

Que l'on compare ces nombres avec ceux fournis pour la Belgique. (Voir les revues climatologiques mensuelles et annuelles publiées dans *Ciel et Terre*.) Les différences sont, en général, très fortes aussi bien pour les mois d'hiver que pour ceux d'été.

Nous ne pouvons reproduire tous les tableaux des variations moyennes ou absolues selon les heures de la journée, les saisons ou les régions, que contient le mémoire de M. de Ficker.

Les valeurs absolues extrêmes suivantes nous paraissent offrir un intérêt particulier :

TABLEAU IV.

	MINIMA ABSOLUS.	MAXIMA ABSOLUS.	VARIATIONS
Kasalinsk	—30,6 (déc. 1903)	42,1 (juin 1902)	72°7 C.
Petro-Alexandrowsk	—28,4 (fév. 1886)	43,4 (juillet 1893)	71,8
Turkestan . . .	—29,6 (fév. 1886)	42,9 (juillet 1892)	72,5
Kerki	—21,7 (janv. 1900)	42,8 (juin 1899)	64,5
Termez	manque.	44,0 (juillet 1901)	—
Chodschent . . .	—20,3 (fév. 1886)	42,6 (juillet 1893)	62,9
Dschisak	manque.	45,8 (juin 1893)	—
Namangan . . .	—18,3 (fév. 1886)	40,5 (juin 1899)	58,8
Taschkent . . .	—28,1 (janv. 1900)	42,1 (juin 1884)	70,2
Margelan . . .	—25,3 (janv. 1900)	40,4 (juillet 1892)	65,7
Aulie-Ata . . .	—27,2 (fév. 1886)	40,0 (juillet 1893)	67,2
Samarkand . . .	—20,9 (janv. 1897)	39,5 (juin 1899)	60,4
Prschewalsk . . .	—16,6 (déc. 1896)	31,9 (juillet 1893)	48,5
Narynsk	—36,1 (fév. 1891)	34,3 (juillet 1894)	70,4
Khorog	manque.	35,0 (juillet 1901)	—
Irkeschtam . . .	manque.	25,2 (août 1899)	—
Pamirski-Post . .	—46,7 (janv. 1894)	28,0 (juillet 1901)	74,7

Comme on le voit, c'est toujours dans les steppes basses ou hautes que les variations sont les plus considérables ; elles dépassent notablement ce que l'on a pu constater en Europe, sauf peut-être dans certaines parties de la Russie. Si, dans le Sahara, des températures plus élevées se produisent, par contre jamais le thermomètre ne descend aussi bas que dans le Turkestan russe.

Des différences énormes se produisent parfois dans les steppes inférieures d'une année à l'autre, pour un même mois de l'année. Par exemple, la température moyenne du mois de janvier 1900 de Kasalinsk a été de —24°1, nombre excessivement bas, et en 1902 de —3°, soit un écart de —21°. Or, on ne dispose ici que d'une série d'observations embrassant dix années. A Saint-Pétersbourg des observations suivies ont été faites pendant 118 années; pendant cette longue période l'écart le plus considérable de la température moyenne de janvier n'a atteint que 20°. La différence relevée à Kasalinsk, en 10 ans, est donc tout à fait extraordinaire.

A Pamirski-Post (3 640 m.), la moyenne du mois de janvier 1894, pendant lequel la température descendit à —46°7, fut de —25°4, alors qu'à Kasalinsk (63 m.) la moyenne de janvier 1900 fut de —24°1. A Pamirski-Post, pendant ce même mois de janvier 1900, la moyenne de la température fut —21°7, soit de 2°4 plus chaude qu'à Kasalinsk.

Ces exemples suffisent pour montrer le caractère réellement excessif du climat du Turkestan russe au point de vue de la température. A ce propos, Olufsen signale un fait dont il fut témoin dans le Haut Pamir : En août 1898, le thermomètre indiquait encore 24° une heure avant le coucher du soleil; quelques heures plus tard, la température était descendue à —10°. Il ajoute : « au coucher du soleil, par « suite des brusques changements et du refroidissement « de la température, on entend des craquements (des « masses rocheuses) et des espèces de détonations sem- « blables à celles d'armes à feu; les pierres volent en éclats « et roulent au fond des vallées. »

2. Humidité de l'air.

La moyenne annuelle de l'humidité relative de l'air, d'après l'ensemble des observations des dix-sept postes météorologiques, est de 61 p. c. (moyenne annuelle en Belgique à midi 73 p. c.). Elle indique la grande sécheresse de l'atmosphère, constatation qui est de la plus haute importance au point de vue climatérique. En effet, cette sécheresse exerce une influence majeure sur la vie organique, car elle provoque une rapide et très forte évaporation dans un pays où les précipitations aqueuses sont excessivement faibles. La conséquence directe de cet état de choses est, d'après M. de Ficker, qu'une grande partie du pays s'est transformée en désert et que les oasis cultivées dans la zone de bordure des montagnes se dessèchent lentement et sont condamnées à une destruction irrémédiable.

Schwartz décrit l'effet exercé sur l'homme par cette extrême sécheresse de l'air et signale aussi le rapide desséchement des lacs Issyk-Kul et Kara-Kul. Heyfelder et Olufsen jettent le même cri d'alarme (¹). Toutefois, ce dernier attire aussi l'attention sur la salubrité de la région des Pamir. Ce n'est pas rare d'y rencontrer des personnes âgées de 125 ans et il signale le climat du Bas Pamir comme convenant pour l'établissement de stations sanitaires (health ressorts).

Nous ajouterons que la sécheresse extrême de l'air des hautes vallées de l'Engadine, en Suisse, contribue, pour une bonne part, aux résultats favorables qui y sont obtenus dans la cure de certaines affections, notamment des voies respiratoires.

Le maximum d'humidité relative se constate pendant les mois d'hiver. Juillet est le mois le plus sec aux altitudes inférieures à 1000 mètres; aux altitudes plus élevées c'est le mois de septembre qui offre ce caractère. A Pamirski-Post la moyenne de septembre descend à 39 p. c. Olufsen

---

(1) Fr. von Schwarz, *Turkestan, die Wiege der indogermanischen Völker.* Freiburg B. Éditeur Herder, 1900. (Voir pp. 574-581.) O. Heyfelder, *Transkaspien und seine Eisenbahnen,* Hannovre, 1888.

a observé les minima d'humidité relative suivants dans les hautes steppes, pendant l'été 1898 : en juillet 5 p. c., en août 2 p. c., en septembre 4 p. c., en octobre 3 p. c. ; à Khorog, en novembre et en décembre respectivement 10 p. c. et 35 p. c. Pour les mêmes mois, les moyennes sont, d'après M. de Ficker : juillet 38 p. c., août 21 p. c., septembre 27 p. c., octobre 32 p. c. ; à Khorog, novembre et décembre respectivement 58 p. c. et 70 p. c.

En Belgique, l'humidité relative normale de l'air en juillet est, *à midi*, 64,9 p. c.

Les minima d'humidité relative dans les steppes basses, ne diffèrent pas sensiblement de ceux des hautes steppes. Schwarz affirme qu'elle descend, *à midi*, dans les oasis à 7 p. c.

Dans toute l'étendue du Turkestan l'air contient le plus de vapeur d'eau en juillet, et le moins en janvier. Pour juillet, nous notons, entre autres, 13,5 millimètres pour Kasalinsk, steppes basses, et 4,9 millimètres pour Pamirski-Post, hautes steppes ; pour janvier, respectivement 1,4 millimètre et 0,6 millimètre.

La quantité si minime de vapeur d'eau constatée dans l'air des hautes steppes est tout à fait extraordinaire. Il existe peu de contrées sur le globe terrestre où une aussi faible pression puisse être signalée, comme moyenne mensuelle.

3. — Précipitations.

Le Turkestan occidental entier doit être signalé pour la pauvreté des précipitations aqueuses ou solides, pluie ou neige, qu'il reçoit. Les différences relevées dans les stations, même rapprochées, sont cependant très grandes.

Les steppes basses, les hautes steppes et la zone méridionale de la contrée reçoivent le moins de précipitations. Par contre, les régions de l'Issy-Kul, du Naryn, et les zones occidentales et septentrionales sont les plus favorisées.

Dans la région montagneuse, les précipitations augmentent pour tomber, à nouveau, à une quantité minime sur le Haut Pamir.

Ci-après les moyennes annuelles des précipitations en millimètres.

Kasalinsk	122,0	Margelan	164,3
Petro-Alexandrowsk . . .	97,1	Aulie-Ata	315,6
Turkestan	171,1	Samarkand	337,7
Kerki	160,5	Prschewalsk	452,8
Chodschent	158,8	Narynsk	287,7
Dschisck	429,7	Khorog	228,5
Numangan	186,2	Irkeschtam	176,0
Taschkent	408,0	Pamirski-Post	62,3

En Belgique, la moyenne des précipitations annuelles est de 750 millimètres. On voit, d'après ce tableau, la différence énorme qui existe, sous ce rapport comme sous les autres, entre les deux contrées.

Le Fergana, qui compte parmi les districts les plus fertiles du Turkestan occidental, reçoit fort peu de précipitations. Mais il est entouré de montagnes d'où, par la fonte des neiges et des glaciers, descendent des masses d'eau qui viennent irriguer le sol. Celui-ci est, d'ailleurs, composé de löss, espèce de dépôt limoneux ; c'est le seul qui y soit productif. Dans ces contrées, la composition du sol est d'une importance capitale, indépendamment de la valeur des précipitations reçues. Tandis que la culture des céréales prédomine dans le Fergana, c'est celle de la vigne qui se remarque surtout dans les environs de Samarkand. Les jardins de cette ville ne subsistent que grâce à un ingénieux système d'irrigations.

Remarquons que le Haut-Pamir est, pour ainsi dire, dépourvu de neige, malgré son altitude, par suite du peu de précipitations qu'il reçoit et de la sécheresse de son atmosphère.

Sur les montagnes voisines, chaines du Trans-Alaï, de la

vallée de Zerafschan, et de Pierre-le-Grand, dont les cimes atteignent 7 000 mètres d'altitude, il y a de grands glaciers, mais les cimes mêmes de ces chaînes sont peu recouvertes.

D'après Schwarz, la limite des neiges éternelles commence à l'altitude de 3700 à 4 000 mètres dans la vallée de Zerafschan, à 4300 mètres dans la chaîne des monts Altaï, à 4900 mètres, et plus haut encore, à l'Est de ces derniers. *Enfin, il semble que tous les glaciers soient en régression.*

Rappelons que dans les monts Tian-Shan, — Turkestan chinois — les précipitations sont beaucoup plus considérables que sur le Haut Pamir, à partir de 3000 mètres d'altitude (voir ce que nous avons dit, à ce sujet, au chapitre IV).

Le tableau suivant indique les extrêmes constatés pendant les années les plus riches et les plus pauvres en précipitations :

TABLEAU VI.

	MAXIM.	MINIM.		MAXIM.	MINIM.
	Millimètres.			Millimètres.	
Kasalinsk . . .	181	75	Margelan. . . .	297	74
Petro-Alexandrowsk	160	53	Aulie-Ata . . .	520	205
Turkestan . . .	293	114	Samarkand . . .	473	205
Kerki.	294	114	Prschewalsk . . .	659	277
Chodschent . . .	197	78	Narynsk	368	150
Dschisak. . . .	620	253	Khorog	273	197
Namangan . . .	237	123	Irkeschtam . . .	302	46
Taschkent . . .	501	280	Pamirski-Post . .	81	37

Pour terminer ce paragraphe, voici les durées des plus longues périodes de sécheresse. Les nombres qui figurent après le nom des stations, indiquent pendant combien de mois consécutifs aucune précipitation — eau ou neige — n'est tombée.

Kasalinsk 3, Petro-Alexandrowsk 5, Kerki 6, Chodschent 4, Dschisak 3, Namangan 2, Taschkent 4, Margelan 4, Aulie-Ata 3, Samarkand 5, Prschewalsk 1, Khorog 4, Irkeschtam 3, Pamirski-Post 3.

4. — Nébulosité.

Sauf dans les districts de Naryn et de l'Issyk-Kul, la nébulosité est la plus forte, en général, en janvier et en mars. Dans les hautes steppes, le nombre de jours pendant lesquels le ciel est entièrement couvert, est peu élevé. Par contre, les jours entièrement sereins y sont aussi en nombre relativement minime. Olufsen dit à ce propos :

« Un voyageur qui aurait traversé rapidement la région, sans faire d'observations minutieuses, garderait certainement l'impression que le ciel y est entièrement dépourvu de nuages, à part quelques cumuli visibles au-dessus de la cime des montagnes. »

En réalité, si le ciel parait serein, des cumuli estompent les sommets des montagnes de juillet à octobre. De décembre à février inclus, ce sont plutôt les nuages des sphères élevées — alto et cirro-stratus —, qui dominent.

Ci-après le nombre annuel de jours sereins relevé à chaque poste météorologique :

TABLEAU VII.

Kasalinsk	136	Margelan	101
Petro-Alexandrowsk	167	Aulie-Ata	121
Turkestan	157	Samarkand	146
Kerki	169	Prschewalsk	86
Termez	190	Narynsk	94
Chodschent	137	Khorog	151
Dschisack	157	Irkeschtam	67
Namangan	126	Pamirski-Post	115
Taschkent	156		

En Belgique, il n'y a en moyenne que neuf jours sereins par an.

Malheureusement, l'air est presque partout chargé de poussière, au moins pendant le jour. Dans quelques régions et à certains moments, elle ressemble à un brouillard qui a été comparé à celui de Londres en hiver. Dans les vallées de l'Altaï et de Changob, elle est parfois si dense que le soleil n'apparaît plus que comme un disque voilé. Cette poussière se produit sur les basses comme sur les hautes steppes, le vent enlevant la matière séchée du sol; seul le Bas-Pamir semble en être préservé.

5. — Le vent.

En ce qui concerne la direction et la vitesse des vents, il se produit de nombreuses variations locales.

Nous nous bornerons à quelques indications générales : dans les steppes, les vents du Nord prédominent, et à une altitude élevée ce sont ceux du Sud-Ouest. Dans les parties du pays qui forment la limite entre les montagnes et les steppes, dans la zone moyenne du Duab, la direction des vents se modifie considérablement.

6. — L'évaporation.

Les données concernant l'évaporation manquent. Les nombres cités, moyenne journalière $0^{mm}40$ par jour en janvier et $7^{mm}10$ en juillet, paraissent trop faibles.

Selon M. de Ficker, dans le Duab du Turkestan, l'évaporation dépasse la quantité d'eau fournie par les précipitations, tout au moins dans les régions dont l'altitude est inférieure à 1 000 mètres. Pour les régions plus élevées, les mesures font défaut. D'après lui, le dessèchement du pays augmente, ce qu'il considère comme établi d'une manière saisissante par la rapide diminution du volume des eaux, jusqu'aux altitudes les plus élevées. Nous y reviendrons dans la suite.

7. — Résumé.

Abstraction faite des circonstances imputables à la latitude, à l'altitude et à l'orographie du pays, le Turkestan occidental peut être considéré comme étant, dans son ensemble, la contrée de l'Asie centrale où le climat est le plus nettement continental. Toutes les données météorologiques recueillies tendent à le démontrer.

VI

QUE FAUT-IL ENTENDRE PAR DESSÈCHEMENT
DE L'ASIE CENTRALE ?

Dans les précédents chapitres nous avons surtout eu pour but de donner un aperçu du climat des différentes contrées de l'Asie Centrale; nous avons vu qu'il est nettement continental, sauf dans le sud et dans l'est du Tibet. Ce caractère, très marqué dans le Turkestan chinois, — où les déserts contribuent à le rendre plus sensible, — se manifeste au plus haut degré dans la majeure partie du Turkestan russe, couverte de steppes, ainsi que le démontrent les relevés des stations météorologiques (voir chap. V).

En raison de la position géographique et de l'orographie de l'Asie Centrale, la sécheresse doit forcément y être plus grande que dans les contrées situées à proximité de la mer. Il en est de même pour toute région de notre globe, dont la situation est identique. Ici, cette sécheresse s'observe davantage et sur une échelle plus étendue que partout ailleurs, précisément parce que les contrées envisagées occupent à peu près le centre du plus vaste continent de la Terre. Dans les autres parties du monde, les pays centraux sont tous plus rapprochés d'un océan.

Aussi, les conditions climatologiques en Asie Centrale ne sont que la résultante logique de phénomènes naturels en corrélation directe avec la situation géographique et l'orographie de la contrée. C'est un point capital sur lequel nous insistons, parce qu'il est trop souvent perdu de vue.

Ces conditions se sont-elles aggravées depuis les temps historiques ou antérieurement? Y a-t-il eu intervention d'autres éléments qui ont contribué à amener la situation actuelle? Lesquels? Telles sont, en substance, les questions à élucider.

Tout d'abord, définissons de façon plus précise ce qu'il faut entendre par *dessèchement de l'Asie Centrale.*

Nous ne nous arrêterons pas au Tibet, dont les plateaux ou les zones montagneuses du Centre, de l'Ouest, du Nord et du Nord-Est ont une altitude supérieure, en général, à 4 ooo mètres, ce qui, par le fait même les rend peu propres au développement de la civilisation. Les conditions d'habitabilité y sont précaires et la nature du sol pierreux, désertique ou marécageux sur des espaces immenses, les rend encore plus défavorables.

Aussi bien, sauf dans les régions du Sud et de l'Est, il n'y a pas trace dans le Tibet d'anciennes civilisations. Dans le Turkestan chinois, au contraire, les ruines antiques sont nombreuses. C'est donc ce dernier pays et le Turkestan russe qui doivent surtout être étudiés.

En premier lieu, occupons-nous du système hydrographique du Turkestan chinois. Huntington partage les rivières du pays en deux groupes principaux (¹). L'un comprend les grands cours d'eau qui ont leur source dans les hautes montagnes du sud-ouest, de l'ouest et du nord du bassin du Tarim, ou bassin de Lop, à partir de Khotan, Kashgar et Korla (carte V). Elles se rejoignent pour former la soi-disant rivière Tarim, qui vient se perdre dans le lac historique de Lop-Nor.

Dans le second groupe on compte de nombreux cours

(1) ELLSWORTH HUNTINGTON, *The rivers of Chinese Turkestan and the dessication of Asia.* GEOG. JOURN., 1906, vol. 28.

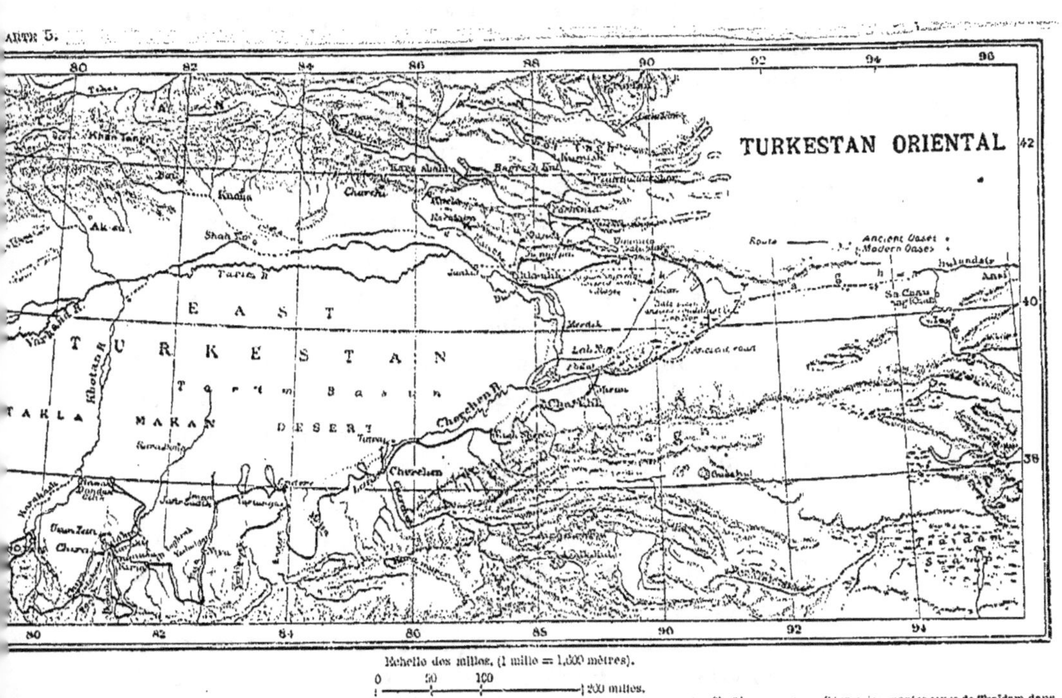

Echelle des milles. (1 mille = 1,600 mètres).
0   50   100   200 milles.

lt noir = trajet suivi par M. Ellsworth Huntington.
urkestan = Turkestan oriental.
in = Plaine salée.

Ancient road = Ancienne route.
Region anciently covered with villages = Région
   couverte jadis de villages.

Tsaïdam swamp = Dépression marécageuse de Tsaïdam dans
   le Tibet.

d'eau secondaires, dont les principaux, descendant des plateaux supérieurs du Tibet septentrional, se sont frayés un
passage à travers les monts Kwen-Lun. Les autres ne sont
que des torrents qui prennent naissance en été par la fonte
des neiges.

Les modifications dans l'apport d'eau se remarquent particulièrement dans ce second groupe, qui appartient principalement à la partie méridionale du bassin du Tarim,
comprise entre Khotan et le Lop-Nor. Torrentueux d'abord,
ces courants d'eau descendent des flancs des montagnes
pour traverser la zone inclinée, large de 24 à 80 kilomètres,
formée de gravier, qui borde les rochers. Dans cette zone
même, ils coulent dans de profondes tranchées en terrasse
qu'ils ont creusées. Mais ces terrasses prennent graduellement fin, et alors l'eau se partage entre de nombreux et
larges canaux, si bien qu'elle disparaît ensuite complètement, partie par évaporation, mais davantage en s'enfonçant
dans le gravier. A en juger d'après la carte, les rivières du
second groupe terminent leur cours de cette manière.

En réalité, elles se continuent divisées, ramifiées sous
la couche de gravier, pour reparaître lorsque celui-ci fait
place à l'argile ou au sable. L'eau, souvent saline, peut alors
être obtenue dans des puits creusés à une profondeur de 1 à
2 mètres. Sa présence est décelée par l'existence de nombreux roseaux, tamaris et peupliers, formant la zone de
végétation de 2 à 30 kilomètres de largeur qui borde le côté
nord du gravier sur une longueur d'environ 1 600 kilomètres, comme nous l'avons dit au chapitre IV.

Ainsi se comportent les cours d'eau les moins importants
du second groupe. Quant à ceux qui ont un débit plus considérable, ils parviennent à traverser toute la zone de
gravier pendant la saison des crues, de mai à août, et ils
viennent se perdre parmi les roseaux de la zone de végétation, ou plus loin dans les sables du désert de Takla-Makan
ou de Lop. Font seules exception : la rivière Cherchen qui

coule dans la direction de l'Est en suivant la zone de végétation et atteint le Lop Nor, et quelques rivières à l'Est, moins
importantes qui, pendant les fortes crues, se jettent dans la
Cherchen.

Pendant la saison la plus sèche de l'année tous les cours
d'eau, sauf la Chira, la Keriya et la Charklik (carte V) disparaissent dans le gravier, mais reparaissent plus loin sous
forme de sources, ou de filets, dans leur ancien lit desséché.

Dans l'ensemble, on peut dire que *chaque cours d'eau
assure encore maintenant l'existence d'une oasis, ou d'une localité dans le sud de la zone de végétation mais que, précédemment, il en irriguait une ou plusieurs autres plus avant vers
l'intérieur du pays qu'il n'est plus à même d'alimenter, parce
que l'eau manque ou est devenue trop saline.*

Les signes de l'amoindrissement du cours des rivières,
depuis deux ou trois siècles ou davantage, se manifestent de
façon évidente, soit par la diminution de la longueur de leur
parcours, — ce dont témoigne la présence de débris de la
végétation morte, — soit par la diminution de leur volume
et de l'augmentation de leur salinité, ce qui est prouvé par
les ruines découvertes.

Dix-sept rivières méritent d'être citées entre Khotan et
l'extrémité orientale du Lop Nor — distance 1 100 kilomètres —. Sur ce nombre il y en a cinq, et peut-être une
sixième inexplorée, pour lesquelles la diminution de leur
longueur est établie par les résidus de la végétation,
retrouvés bien au delà de leur terminus actuel. Pour la
rivière Chira, la présence de tamaris morts a été constatée
au nord des ruines des anciennes villes de Dandan-Uilik et
de Rawak, ensevelies actuellement sous le sable, et qui ont
été décrites par l'archéologue Stein. Ces tamaris se trouvent
à 75 kilomètres du terminus du cours de cette rivière.

La situation est la même pour les rivières Keriya, Niya,

Yartungaz et Endere; la diminution de la longueur de leur parcours varie entre 15 et 75 kilomètres. *La preuve que cette diminution est relativement récente est fournie par les restes des roseaux, des tamaris et des peupliers desséchés. Il n'y en aurait plus trace, si cet état de choses remontait à une époque fort reculée.*

En ce qui concerne les cours d'eau moins importants du second groupe, les mêmes constatations ont été faites par Huntington entre Khotan et Charklik. Partout, à des distances variables du terminus actuel de ces cours d'eau, on retrouve de la végétation morte ou en passe de mort ; parfois toute la zone de végétatien, sur une largeur de 15 à 30 kilomètres, est à demi-morte.

On ne peut déterminer avec certitude à quelle époque remonte le début de cet appauvrissement. Mais, d'après cet explorateur américain, il a commencé à se manifester pendant la période historique.

Et que l'on ne s'imagine pas que la végétation meurt ou disparaît par suite de l'envahissement du sable. Dans le cas présent, celui-ci n'est pas en cause. Souvent, le sol est dépouillé de sable, ou la couche qui le recouvre est mince et provient d'un transport éolien ayant formé des dunes de 30 à 60 centimètres seulement de hauteur. L'examen de la tige des végétaux démontre que leur décrépitude ou leur mort ne peut être attribuée au sable. *Dans les endroits où la végétation se maintient, et quand le sable étreint réellement les arbres, ou les arbustes, ceux-ci se redressent : la tige ou le tronc des roseaux, des tamaris et de toutes les plantes vivantes croissent en hauteur, si bien qu'ils sont deux, trois ou quatre fois plus élevés que les plantes de la même famille grandissant dans des conditions normales. Il y a là* une lutte véritable pour empêcher que la cime du végétal soit recouverte, et c'est le végétal qui l'emporte lorsqu'il reçoit une quantité d'eau suffisante pour assurer son existence. Il parvient ainsi à fixer le sol et à empêcher, ou à retarder, l'envahissement progressif du sable. Le long de notre littoral, nous pouvons facilement constater qu'une végétation spéciale vit et se développe dans le sable de nos dunes.

Mais, ce qui caractérise le mieux l'ancienne situation du Turkestan chinois, ce sont les ruines si nombreuses d'anciennes villes, ou bourgades, découvertes le long du lit desséché, ou partiellement desséché, des cours d'eau. Sur les dix-sept rivières mentionnées plus avant, il y en a treize dont le cours inférieur est parsemé de ruines de localités appartenant, pour une bonne part, à l'époque bouddhiste, ce qui les fait remonter à un millier d'années ou davantage. De ces treize rivières, il y en a six dont les ruines paraissent appartenir à la même époque; sur cinq rivières — Dumuka, Niya, Cherchen, Vash-Sheri, et Miran —, les ruines sont de deux époques, et sur les rivières Chira et Endere de trois époques différentes. Certaines des cités ont donc été abandonnées, pour renaitre à une ou deux reprises. En général, ce sont les ruines les plus anciennes qui sont les plus importantes et qui sont situées le plus loin vers l'intérieur du pays. De même, les anciennes villes l'emportent en importance sur celles qui leur ont succédé; cela est surtout vrai pour celles situées le long des rivières Yartungaz, Endere, Cherchen, Vash-Sheri et Miran.

Par exemple, à en juger d'après les ruines, l'ancienne ville de Miran couvrait une superficie de 8 kilomètres carrés. Il y avait là un fort, une lamaserie (couvent de prêtres) dont les murs d'argile portent encore des traces d'invocations à Bouddha, des temples dont les murailles, très solides, sont en briques séchées au soleil, de nombreuses constructions qui dénotent que la localité possédait une population très dense. *On y retrouve aussi les restes d'un système complet d'irrigation, approprié aux besoins du pays*. Sur l'emplacement de l'ancienne ville de Miran, il n'y a plus maintenant qu'un pauvre hameau.

D'après Huntington, les ruines de Miran fournissent surtout des arguments en faveur de l'hypothèse d'un changement de climat pendant les temps historiques.

Comme pour Miran, il est impossible que des villes d'une étendue égale à celle des ruines découvertes, aient pu subsister si elles n'étaient abondamment pourvues d'eau potable, soit par la nature, soit au moyen d'irrigations. L'emplacement et les ruines *de plus de cinquante villes* ont déjà été retrouvés dans le Turkestan chinois, depuis que les explorations systématiques y ont commencé.

Dans la partie nord du bassin de Tarim, les preuves du dessèchement de la contrée ne sont pas aussi frappantes que dans la zone méridionale. L'hydrographie n'y est pas la même; les rivières, assez larges, rejoignent le Tarim après avoir assuré l'existence d'oasis importantes dans une zone étendue. Les ruines paraissent être moins nombreuses que dans le Sud et elles se présentent d'une autre manière.

Mais, néanmoins, l'augmentation de la salinité du Tarim inférieur et la diminution de la superficie du lac Lop-Nor démontrent que les phénomènes de la dessiccation se sont fait sentir. Actuellement, des centaines de kilomètres le long des rives des rivières Tarim et Konche sont inhabités.

Des tentatives de repeuplement, voire même par la force, ont été faites à plusieurs reprises par le Gouvernement chinois. Huntington affirme que toutes ont échoué. En 1898, 2000 mahométans chinois, considérés comme rebelles, furent amenés de Shi-Ning à Dural, près de Tikkenlik, à proximité du Lop-Nor (carte 5); distance entre Shi-Ning et Dural environ 1300 kilomètres. Par suite de la mauvaise qualité de la terre, imprégnée de sel, et de la salinité de l'eau, ils durent, après deux ans d'efforts, quitter Dural et se transporter à Karakum, sur la rivière Konche, à 150 kilomètres plus au Nord-Ouest. D'autres immigrants s'établirent aussi dans cette dernière localité, si bien qu'elle devint une ville qui, de 1901 à 1903, comprenait plus de 5000 habitants, ayant une administration gouvernementale. Mais, dès 1904, l'exode commença, l'eau était trop salée, et en 1906, la localité dut être abandonnée.

Il en fut ainsi de trois autres essais, tentés pendant les seize dernières années écoulées. Dans le Nord comme dans le Sud, des céréales peuvent être cultivées sur certaines terres pendant les deux premières années, mais dès la troisième le sol produit moins, puis devient stérile par suite de la salinité de i'eau utilisée pour l'arrosage ou les irrigations. Telle était la situation en 1906.

Les fouilles effectuées dans le Turkestan chinois, le long des rivières Tarim et Konche, du lac de Lop-Nor et à l'est de ce lac, ainsi que dans la dépression de Turfan, ont mis au jour des poteries, des objets de tout genre, des sculptures, des fresques, de très nombreux documents qui fournissent des preuves certaines de l'occupation du pays, notamment pendant l'ère de prospérité du bouddhisme, par une population très dense s'occupant d'agriculture et de commerce. Parmi ces objets, il en est un grand nombre d'une réelle valeur qui dénotent l'influence dominante des modèles de l'art gréco-bouddhiste importés du nord-ouest de l'Inde (fouilles de Sven Hedin, de Grünwedel, de von Lecoq, et notamment de Stein).

C'est par le Turkestan chinois que se faisait le transit des peuples venant de la Mongolie, et d'au delà, vers l'Asie antérieure et l'Europe, et vice versa. Deux grandes voies de communication existaient jadis: l'une par le Nord contournait le Lop-Nor, l'autre par le Sud suivait à peu près le cours de la rivière Cherchen. Des communications existaient aussi avec l'Inde par les Pamir.

En ce qui concerne le Lop-Nor, Huntington a noté les traces de cinq ou six berges différentes de ce lac, à des hauteurs variant de 4 à 180 (?) mètres au-dessus de son niveau actuel, ce qui démontre qu'il a été soumis à des expansions et à des réductions successives, semblables à celles que ce savant a signalées pour le lac Sistan dans la Perse orientale.

De l'ensemble des découvertes faites jusque maintenant, il ressort que trois périodes principales sont à considérer. La première est celle de la splendeur bouddhiste; elle embrasse les derniers siècles avant l'ère chrétienne et se continue jusque vers le IIIe siècle de cette ère. C'est la période de prospérité du Turkestan chinois : villes nombreuses, populeuses et riches. Puis la civilisation disparaît ; les villes paraissent abandonnées et tombent en ruine. Cette seconde période néfaste dure jusque vers le VIIIe ou le IXe siècle. Pendant cet intervalle de 500 ou 600 ans, tout paraît avoir décliné ou être anéanti, faute, peut-être, de documents qui s'y rapportent. Vers le VIIIe ou le IXe siècle, les villes reparaissent, mais sans avoir l'importance de celles de la première époque. Cette renaissance dûre jusque vers le XIIe ou le XIIIe siècle. Ensuite nouvelle décadence, puis la ruine. Enfin, vers le XVIIIe siècle, nouvelle reconstruction de villes ou de bourgades, mais encore une fois moindres que pendant les deux grandes périodes précédentes.

C'est cette troisième période qui se continue de nos jours, avec des vicissitudes diverses et, dans plusieurs régions, avec recul, du moins jusqu'en 1906.

Nous avons mentionné ici ces oscillations de la vie sociale dans l'Asie centrale, parce qu'elles se rapportent directement à notre sujet. Sont-elles la résultante d'un dessèchement progressif du pays, comme on l'a prétendu, et, dans l'affirmative, quelles sont les causes réelles de ce dessèchement? Nous procédons par étapes. L'astronomie, la météorologie, la climatologie, la géologie ne fournissent pas de données suffisantes pour nous éclairer ; il nous faut bien nous adresser aux autres sciences, chacune nous apporte quelque enseignement qui ne peut être négligé.

Le passé du Turkestan occidental se présente aussi avec des périodes de splendeur et de décadence. Mais, pour la période moderne la situation y est plus favorable dans certaines parties du pays, grâce aux irrigations.

Néanmoins, la conclusion du mémoire de M. de Ficker (« *Zur Meteorologie von West Turkestan* »), auquel nous nous sommes référé dans le précédent chapitre, est pessimiste. Pour cet auteur, le Turkestan russe est voué à la mort (« *ein sterbendes Land* »), en raison de ses conditions climatologiques. Les montagnes sont nivellées, détruites par les agents extérieurs; à la longue, la steppe envahira toute la contrée. « *Wohl trüben nur wenige Wolken das blau des Himmels, der sich über das Zweistromland dehnt, — aber es ist kein glückliches Land, dem hier die Sonne scheint.* » (Quoique le ciel bleu qui couvre le Duab du Turkestan soit peu troublé par les nuages, le soleil n'y luit pas sur un pays heureux)

VII

LES CAUSES DU PRÉTENDU DESSÉCHEMENT
DE L'ASIE CENTRALE.
LES VUES DE KROPOTKIN.

Ce furent les conférences et les publications du prince
Kropotkin, exilé russe en Sibérie pendant de longues
années, qui attirèrent surtout, en 1904, l'attention du grand
public sur la question du desséchement de l'Asie centrale.
Disons-le immédiatement ; on s'en est généralement tenu à
ses affirmations et nous voyons paraître des articles, dans la
presse quotidienne, qui les reproduisent sans faire mention
des travaux publiés depuis lors.

Kropotkin était de bonne foi. Nous résumons ci-après, les
principaux arguments qu'il a produits à l'appui de sa
thèse (¹) ; leur analyse et leur discussion suivront.

1. Pour Kropotkin, l'Asie centrale est en voie *de rapide
desséchement depuis le commencement de l'ère historique.*
L'évaporation l'emporte de beaucoup sur les précipitations,
de sorte que les limites des déserts s'étendent d'année en
année ; la vie et l'agriculture ne sont plus possibles que dans
les voisinages immédiats des montagnes dont les sommets
condensent les vapeurs de l'atmosphère.

La bordure méridionale de la partie Est des Monts
Tian Shan, les plaines de la Dzungarie, même une partie du

---

(1) P. KROPOTKIN, *The Dessication of Eur-Asia.* GEOG. JOURN., 1904, vol. 23.

désert de Gobi étaient occupées jadis par de populeuses cités, des monastères et des villages.

Il est certain (d'après Kropotkin) que, en même temps, le Turkestan oriental et le centre de la Mongolie n'étaient pas les déserts, qu'ils représentent maintenant. Ils possédaient aussi une nombreuse population, dont la civilisation était avancée et qui était en rapports suivis avec le reste de l'Asie. Le rapide dessèchement de ces régions en a chassé les habitants vers la Dzungarie, puis vers les plaines basses du lac Balkasch et de l'Obi, ensuite, poussant devant eux les premiers occupants de ces plaines, ils ont provoqué les grandes migrations et les invasions de l'Europe qui se produisirent pendant les premiers siècles de notre ère.

Il n'y a pas plus de deux mille ans, et peut être même jusqu'à une époque beaucoup plus rapprochée de nous, la mer Caspienne rejoignait le lac Aral, — tous deux étant les restes d'un ancien bassin maritime, — étendant sa partie nord jusque Perovsk, sur le Syr-Daria, (65° 30' long. E. de Greenwich) et recevant l'Amu-Daria (l'Oxus) dans sa partie méridionale, à environ 60° long. E.

Le phénomène de dessèchement ne s'étend pas seulement à l'Asie centrale. Le sud de la Sibérie occidentale en offre aussi un frappant exemple par la dessiccation rapide des grands lacs Chany, Abyshkan et Sumy-Chebakly. Des levers topographiques exécutés en 1786, 1813-1824, 1850-1860 et en 1880, le démontrent à l'évidence. Les lacs Moloki et Abyshkan ont été réduits à l'état d'étangs pendant les années 1850 à 1880 et des villages se sont édifiés sur leur emplacement. Il est vrai que, d'après des informations récentes (février 1904), les lacs de ce groupe se sont de nouveau un peu étendus mais il est probable qu'ils n'atteindront plus jamais leurs anciennes dimensions.

Le lac Aral est aussi notablement réduit. Depuis 1891, cependant, il a réoccupé une partie de ces anciennes berges à la suite d'abondantes pluies mais, encore une fois, on ne peut espérer qu'il puisse couvrir de nouveau les marais du Syr-Daria inférieur, jusque près de Perovsk.

Le dessèchement ne se limite pas à l'Asie. D'immenses étendues de la Russie d'Europe, jadis couvertes de lacs et de marais, sont asséchées maintenant. Lorsque les cavaliers Mongols envahirent la Russie en 1238, ils ne purent atteindre Novgorod, à cause des marais qui entouraient cette république, marais franchissables en hiver seulement. Depuis huit cents ans, le sol de cette partie de la Russie s'est élevé de 5 mètres et davantage, et le drainage, amélioré par le jeu naturel du cours des rivières, l'a asséché. Mêmes constatations pour toute la Russie septentrionale. Il n'en est pas moins établi que le nord et le centre de la Russie étaient couverts d'un bien plus grand nombre de lacs et de marais, il y a sept ou huit siècles, que de nos jours.

L'assèchement des marais, lacs et rivières du centre et et du sud-est de la Russie d'Europe pendant les XVIe, XVIIe et XVIIIe siècles est également prouvé. On l'a attribué à la destruction des forêts mais, sans dénier que celle-ci puisse avoir exercé une certaine influence en réduisant la valeur des précipitations et la quantité d'eau retenue dans le sol, cette destruction ne saurait expliquer l'énorme diminution du volume d'eau débité par le Volga, ainsi que le démontrent les relevés de Boguslavsky.

2. Le dessèchement du nord de l'Asie et de l'Europe s'est produit pendant toute la durée des temps historiques. N'est-ce pas un phénomène temporaire? N'est-il pas une conséquence de fluctuations, comme la nature en offre des exemples? Les régions, transformées en déserts, ne recevront-elles pas, de nouveau, d'abondantes précipitations qui, en les fertilisant, rendront à ces contrées leur ancienne prospérité? En réalité, ce dessèchement démontré par les documents historiques, est la continuation du dessèchement qui s'est produit dans tout l'hémisphère boréal, au cours de

la période géologique pendant laquelle nous vivons, c'est-à-dire pendant la période post-glaciaire,

Le dessèchement de l'Eur-Asie n'est pas un simple fait physico-géographique moderne. *C'est un fait géologique* entièrement dépendant du caractère de la période géologique qui le précéda ; ce fait doit être considéré comme étant en connexité avec ce caractère.

3. Les recherches des cinquante dernières années ont établi qu'une partie considérable de l'Eur-Asie a été ensevelie sous une puissante couche de glace pendant la période glaciaire. Les géologues ont fixé approximativement la limite méridionale de cette couche au 50ᵉ degré de latitude dans l'Europe centrale et dans la Russie d'Europe, avec des pointes avancées jusque vers le 47ᵉ ou le 48ᵉ degré de latitude. En France, tout le plateau central et les Vosges ont été recouverts. L'océan arctique s'étendait sur la plus grande partie de la dépression de la Sibérie occidentale pendant la période post-glaciaire et probablement aussi pendant la période glaciaire ; il atteignait le 52ᵉ degré de latitude environ. Dans les hautes plaines de la Sibérie orientale, des golfes étroits dépendant de cet océan remplissaient les vallées où les rivières actuelles se sont frayé passage.

Le bassin entre l'Irtysh-Ob (Sibérie occidentale) et la dépression Caspienne-Oral n'ont pas été envahis par la poussée glaciaire. Mais il paraît certain que de notables parties du grand plateau de l'Asie orientale en ont été couvertes. Il en est ainsi pour toute la zone de bordure et la région alpestre de ce plateau, dans lesquelles il faut comprendre les monts Tian Shan, Altaï et le Sayan occidental, entre les highlands situés au nord et au nord-est du lac Baïkal. La glaciation atteignit les monts Karakorum, Raskem et Pierre-le-Grand, l'Himalaya, et de grandes étendues du Tibet dont l'altitude actuelle varie de 3 000 à 4 000 mètres.

Par contre, les parties relativement basses du Turkestan oriental et de la Mongolie étaient probablement submergées à cette époque, ou vers la fin de la période de glaciation, par les flots d'immenses lacs intérieurs, recevant les eaux de drainage des énormes glaciers qui les entouraient, avant que ces eaux eussent trouvé leur chemin d'écoulement par les gorges du Sud-Est tibétain.

En résumé, en restant dans le domaine des *certitudes*, on peut dire que, à l'exception des basses régions de la Sibérie qui représentent des golfes de l'Océan arctique, toute la partie de l'Eur-Asie située au nord du 50e parallèle, et de larges zones au sud de cette ligne, étaient ensevelies sous la glace.

4. Quelles furent les causes de pareille glaciation? Parmi les hypothèses présentées, celle du grand physicien suédois, le professeur Arrhénius, paraît suggérer une cause *possible*. Elle est basée sur les variations du pourcentage de la quantité d'acide carbonique répandue dans l'atmosphère pendant les colossales éruptions volcaniques qui se produisirent sur toute la Terre à la fin de la période tertiaire, variations auxquelles correspondent des fluctuations de la température de l'atmosphère.

L'influence véritable de ces grandes éruptions n'est pas encore établie, à ce point de vue. Néanmoins Krapotkin incline à admettre les vues de Marchi (*Le cause dell' epoca glaciale*), qui estime que les masses énormes d'acide carbonique, de vapeurs et de poussières lancées dans l'atmosphère à l'époque susdite, peuvent avoir eu comme conséquence un abaissement subséquent de la température et la glaciation.

La seule éruption du Krakatoa, en 1883, a projeté dans l'air une masse de poussière suffisante pour produire les magnifiques couchers de soleil observés sur toute la surface du globe, pendant près de deux ans.

Enfin, ainsi que l'a soutenu Eugène Dubois (*Klimate der geologische Vergangenheit*, 1903), appuyé par Woeikoff, il est extrêmement probable que la quantité de chaleur rayonnée par le soleil ne doit pas rester invariable.

5. Mais, quelle que soit la cause de cette glaciation, il est certain également qu'après le retrait de leur enveloppe glacée, des étendues considérables de l'Europe et de l'Asie furent recouvertes par la mer.

Dans la Sibérie occidentale, un large golfe de l'Océan arctique pénètre jusqu'au delà de la ligne marquée actuellement par le chemin de fer Transsibérien, plus bas que le 50ᵉ parallèle, tandis que d'autres golfes plus étroits occupaient partiellement les régions de l'Yeniseï et de la Lena.

6. Quand la couverture glacée de l'Eur-Asie commença à se retirer et à fondre, d'énormes masses d'eau se déversèrent vers le sud de la limite des glaces. De là, formation des *tundras* d'abord, de prairies ensuite, ou de *urmans*, nom donné aux forêts marécageuses, entrecoupées de lacs innombrables, ainsi qu'on le voit dans la Sibérie occidentale.

Sur les espaces recouverts par les glaciers, des lacs d'une étendue immense se formèrent à la suite de la fonte de la glace. La période post-glaciaire aurait pu être qualifiée : la période des lacs.

7. Ces lacs se sont formés, notamment, dans l'hémisphère boréal. Pour l'Europe, nous citerons la Suède, la Finlande, la Russie, partiellement la France et l'Allemagne, les Alpes.

En Sibérie, des territoires considérables sont couverts de lacs inombrables. Il y a, d'abord, l'immense région *Urman*, traversée par l'Irtysh, l'Ob, le Vasyugan, etc. Elle représente un marécage de 2 300 kilomètres de largeur et de 800 kilomètres en longueur, du Nord-Ouest au Sud-Est, interrompu seulement par d'étroites collines suffisamment asséchées pour pouvoir être habitées. Ensuite vient un territoire de 300 kilomètres de largeur et de plus de 1 400 kilomètres dans la direction Ouest vers l'Est, situé à mi-chemin entre ces marécages et le bassin Aral-Balkasch, où se rencontrent des milliers et des milliers de petits lacs. Même situation dans les bassins de Tsipa et d'Amalat, sur le plateau de Vitim, dans le nord-ouest de la Mongolie et les environs.

En Asie centrale, des régions très étendues fournissent des preuves évidentes qu'elles étaient couvertes jadis d'immenses lacs. Il en est ainsi pour la région des lacs du Tibet et pour les grands marécages du Tsaïdam; pour le Lop-Nor, dans le Turkestan chinois et pour les dépressions qui se trouvent à la base de l'Altyn-Tagh et de l'Ektagh Altaï, etc.

Mais tous ces lacs, ces marécages, ces dépressions ne sont plus que des vestiges des immenses aréas recouverts de lacs et de marais pendant la période post-glaciaire.

8. Comme les rivières creusent elles-mêmes leur lit en l'approfondissant toujours davantage, le drainage du pays qu'elles traversent devient de plus en plus efficace. D'autre part, les cotes de l'Europe et de la Sibérie s'élèvent à raison de trente centimètres à un mètre par siècle. Il résulte de ces diverses actions combinées que le desséchement de tout le territoire envisagé se continue, nécessairement, d'une manière certaine et rapide. Enfin, les eaux d'écoulement des lacs creusent ainsi leurs canaux toujours plus profondément, la surface des lacs va, sans cesse, en diminuant; les marécages qui les entourent sont drainés également; des chapelets de lacs se rapetissent, comme on le voit souvent en Finlande, et graduellement il se forme une rivière là où existait jadis une suite de lacs. Plus tard, à la suite

des inondations du printemps ou de pluies abondantes, le lac reprend momentanément ses anciennes proportions mais, après chaque inondation, des dépôts de boue viennent réduire les limites des inondations subséquentes et des prairies, ou des taillis et des bois, occupent le lit primitif du lac.

9. Les dépots formés par nombre de ces lacs de la période post-glaciaire, qui ont complètement été drainés depuis lors, sont parfaitement visibles sur les cartes géologiques et surtout sur les cartes agraires de la Russie d'Europe.

En ce qui concerne l'Asie, sa surface est littéralement pointillée de lacs post-glaciaires; on en voit la preuve dans de nombreux districts de la Sibérie. Telle devait être aussi, et telle a bien été la situation, au commencement de la période lacustre, sur le haut plateau de Mongolie et, à une époque beaucoup plus reculée, sur la terrasse inférieure de ce plateau comprenant le désert de Gobi et le Turkestan chinois; les dépôts d'anciens lacs, dont ces régions sont couvertes, le démontrent.

10. « En résumé, sur toute la surface de l'Europe et de l'Asie, et notamment sur la partie septentrionale ou sur les parties plus élevées, on trouve trace de la dessiccation qui se continue maintenant, et qui s'est poursuivie pendant toute la durée des temps, depuis la fin de la grande glaciation. Nous ne sommes pas en présence d'un fait temporaire ou accidentel. Nous vivons dans une période géologique de desséchement, époque aussi caractérisée par la dessiccation, que la période glaciaire était caractérisée par l'accumulation, d'année en année, de précipitations non évaporées et congelées. Bien plus, cette période de desséchement est la conséquence de la précédente période de glaciation.

« Ce phénomène de dessiccation n'est pas limité à une partie minime du continent. Il embrasse toute la région qui a été soumise à la glaciation. Ce n'est pas seulement l'Asie centrale qui se dessèche ; le même avenir est réservé aux steppes caspiennes du Volga inférieur et au sud-est de la Russie. Le desséchement dans ces régions devient de plus en plus apparent. Mais il ne peut être attribué, comme on le fait souvent, à la destruction des forêts dans le nord de la Russie. Nous devons voir en lui un fait géologique, indépendant de la volonté de l'homme. Tout en signalant ce fait aux savan… comme un but important de recherches futures, il est utile de penser, en même temps, aux mesures à prendre pour prévenir ou empêcher — au moins dans les limites des possibilités — la sécheresse dans l'avenir. Parmi ces mesures, on peut citer le boisement sur une grande échelle des régions menacées, ainsi que le creusement de puits artésiens comme corollaire, ce qui a donné de bons résultats dans le nord de l'Afrique ; la connaissance du danger et les recherches des hommes de science suggéreront peut-être d'autres moyens. » (Le § 10 est traduit textuellement.)

VIII

DISCUSSION.

Notre globe se dessèche-t-il réellement depuis les temps historiques ?

La thèse de Kropotkin, qui a été vigoureusement battue en brèche, servira de base à la discussion du problème.

D'abord, que faut-il entendre par temps historiques ? Kropotkin fixe à 2 000 ans, à peine, l'époque à laquelle la mer Caspienne englobait encore le lac Aral. Nous pouvons remonter plus haut dans le passé. Il n'y a pas un siècle, les temps historiques ne dépassaient pas cinq ou six mille ans. Les fouilles pratiquées depuis une trentaine d'années notamment, en Mésopotamie, en Susiane, par de Morgan, Peters et leurs émules, ainsi que celles faites en Egypte, ont fourni une documentation, non négligeable, et à laquelle nous puiserons, qui s'applique, non à une couple de milliers d'années mais, approximativement, à plus de dix mille ans. Nul ne saurait dire quelle lumière l'avenir jettera encore sur le passé.

Comme, d'après la thèse susdite, le phénomène de dessiccation n'est que le complément, la suite obligée des événements de la préhistoire, nous devons parler de celle-ci en premier lieu.

1. — *Pendant la préhistoire.*

On sait qu'entre la préhistoire et les temps dits historiques, il n'y a aucune démarcation positive; ce sont tout simplement des termes employés pour fixer les idées, absolument comme l'on parle de l'enfance et de l'adolescence de l'homme.

L'astronomie et la géologie peuvent seules nous fournir des indications sur les temps préhistoriques.

La géologie nous a appris que, antérieurement à la période tertiaire, les mers et les continents du globe terrestre n'étaient pas répartis comme ils le sont maintenant.

Il y avait deux masses continentales, disposées dans le sens des parallèles, l'une boréale et l'autre australe, recouvertes chacune partiellement par une mer intérieure. La masse boréale comprenait l'Amérique du Nord réunie à l'Eur-Asie; la masse australe englobait l'Amérique du Sud, une partie de l'Afrique et de l'Inde.

Entre les deux masses s'étendait la grande nappe d'eau dénommée *Thétys* (la mer) par Suess, dont la Méditerranée et la Mer des Antilles sont des restes. Un autre grand océan existait, l'Océan Pacifique, disposé dans le sens des méridiens, d'un pôle vers l'autre.

Les plissements de la croûte terrestre avaient déjà fait surgir des chaînes de montagnes, la plupart disparues maintenant. La chaîne des Ardennes, avec ses prolongements vers l'Est, était de ce nombre; l'altitude de ses sommets primitifs était de plus de 5 000 mètres, dans les environs de Namur.

Pendant la période tertiaire, de profondes modifications se produisirent à la surface de notre globe, par suite d'effondrements, de poussées et de nouveaux plissements partiels de la croûte terrestre.

L'Amérique du Nord est séparée de l'Eur-Asie ; elle se réunit à l'Amérique du Sud, tandis qu'entre cette dernière et l'Afrique se creuse la fosse qui devient l'Océan Atlantique. Un autre effondrement provoque la création de l'Océan Indien. La Méditerranée est réduite à l'état de mer intérieure par le surgissement de la langue de terre, que nous nommons l'Isthme de Suez.

Des fractions de continents se détachent des masses principales : Iles Britanniques, Japon, île de Cuba, etc.

De grandes chaînes de montagnes s'élèvent par les ridements, les plissements de l'écorce du globe : les Andes, l'Himalaya, les chaînes de l'Asie Centrale, le Caucase, les Apennins, les Alpes.

Les éruptions volcaniques, dont parle Kropotkin, eurent lieu pendant la période tertiaire ; l'époque glaciaire suit cette période.

En ce qui concerne la durée des diverses périodes géologiques, mieux vaut s'abstenir ; elles peuvent s'évaluer par millions ou par centaines de milliers d'années.

Les changements considérables qui survinrent pendant ces périodes, doivent avoir amené des modifications corrélatives, en quelque sorte, du climat. Les causes de ces changements climatologiques sont d'ordre cosmique ou d'ordre tellurique ; les deux peuvent avoir coexisté. Les unes ont agi et agissent de la même manière de façon permanente ; d'autres sont accidentelles et ne font sentir leur influence qu'à certaines époques.

§ 1er. — *Causes cosmiques.*

La température à la surface de la Terre est évidemment fonction de ce qu'on a appelé *« la constante solaire »*, c'est-à-dire la quantité d'énergie envoyée par le Soleil à la limite de notre atmosphère. Cette quantité est-elle invariable depuis l'origine de la Terre ? Le Soleil est une étoile, et,

probablement comme toutes les étoiles, il a eu sa période
de formation pour atteindre un maximum d'énergie, *étoile
blanche*, et passer ensuite à la période décroissante pour
arriver à l'extinction finale. Actuellement, le Soleil est dans
cette période décroissante, il est une *étoile jaune*; plus tard,
bien plus tard, il ne sera plus qu'une étoile rouge.

Le climat des masses continentales, pendant les premières
périodes géologiques, était différent de celui de la période
quaternaire dans laquelle nous vivons. Quelles sont les
causes de ce changement? D'ordre cosmique ou tellurique?
Aucune des hypothèses mises en avant ne répond de façon
satisfaisante à ces questions.

E. Dubois admet que les modifications qui, selon lui,
doivent s'être produites dans la valeur de l'énergie émise
par le Soleil, au cours des transformations cosmiques de cet
astre, ont eu leur répercussion sur la Terre pendant les
périodes glaciaires que l'on place à l'époque du *diluvium* (1).
Il y aurait eu des alternances de refroidissement et de
réchauffement, produisant plusieurs périodes glaciaires,
avec des intervalles interglaciaires pendant lesquels le climat était plus doux. La durée de ces intervalles est plus ou
moins longue; nous vivons actuellement pendant l'un d'eux,
qui prendra fin dans plusieurs milliers d'années ; ensuite
une nouvelle glaciation commencera.

*Ces alternances, ces balancements climatologiques ne sont
établis que pour la période de diluvium; aucune preuve géologique ou astronomique n'a pu être fournie pour les périodes
antérieures.*

---

(1) Le *diluvium* est la première division du quaternaire, faisant suite au tertiaire
dans la classification de certains géologues. D'autres géologues rejettent la subdivision
du tertiaire en quaternaire. Pour eux, les temps actuels sont la continuation du tertiaire. C'est affaire de classification, de partage des époques plutôt qu'une question de
principe fondamentale.

La seconde division du quaternaire, dans laquelle nous vivons, a été appelée époque
de l'*alluvium*.

L'hypothèse cosmique de Dubois ([1]) a été combattue par Woeikow ([2]), qui s'est basé sur les données de la géologie. Si des influences cosmiques sont la cause dominante des variations climatologiques, elles doivent s'être fait sentir sur toute la surface de la Terre, et la paléontologie en fournira des preuves, notamment dans les régions polaires ou subpolaires. Des restes paléontologiques dénotent l'existence d'un climat tropical, ou subtropical, par toute la Terre aux premières périodes géologiques ; par contre, on n'a trouvé jusqu'ici ni dans la Sibérie orientale, ni dans la région de la baie d'Hudson, où les recherches ont été poursuivies, aucun reste d'organisme *tertiaire*. Ces contrées, qui étaient englobées jadis dans la masse continentale boréale, doivent avoir joui d'un climat continental avant et pendant une partie du tertiaire. D'après Woeikow, l'hypothèse astronomique est donc contredite par la géologie.

L'astronomie a d'ailleurs fourni matière à de nombreux travaux ayant pour objectif la recherche des causes des variations climatologiques, tout au moins à la fin de la période tertiaire et au début du quaternaire. La Terre, entraînée par le Soleil dans sa course incessante à travers l'Univers, n'a-t-elle pas rencontré des espaces plus froids que d'autres, aux époques correspondant à celles de la glaciation ? L'excentricité de l'orbite terrestre, le lent déplacement de l'axe de notre globe, d'autres phénomènes astronomiques encore, ont servi de thèmes aux chercheurs. L'hypothèse de Croll, — alternance d'un maximum et d'un minimum du degré de la température entre chacun des hémisphères terrestres, — hypothèse dans laquelle interviennent des phénomènes d'ordre tellurique, a été et est encore en faveur parmi bon nombre de géologues. Néan-

---

(1) Eug. Dubois, *Die Klimate der geologischen Vergangenheit und ihre Beziehungen zur Entwickelungsgeschichte der Sonne*, Leipzig, 1893. — *The climates of the Geological Past and their relations to the History of Development of the Sun*, London, 1895.
(2) Woeikow, *Géologische Klimate*. (Petermann's Geogr. Mitt., vol. 41.)

moins, cette hypothèse, comme toutes les autres, donne lieu à de sérieuses objections (¹).

Conclusion : aucun argument tout à fait probant ne permet d'affirmer que la constante solaire se soit sensiblement modifiée depuis la période tertiaire. Si des variations à allures rythmiques de cette constante, dont nous parlerons plus loin, se sont produites et se produisent encore après certains laps de temps, leur amplitude paraît être trop faible pour avoir pu causer les glaciations du diluvium. Dans l'état actuel de nos connaissances, aucun phénomène d'ordre cosmique ne peut être invoqué, avec certitude, pour expliquer de façon satisfaisante les changements climatologiques intervenus pendant ou, éventuellement, après cette époque.

Le Soleil, comme la Terre, est entouré d'une atmosphère qui semble jouer un rôle d'absorption, dont l'importance a été signalée dans ces derniers temps par feu l'astronome américain Langley et par son collaborateur Abbot. Il paraît probable qu'à une diminution de cette faculté d'absorption correspond une augmentation de l'intensité du rayonnement solaire, ce qui provoque un réchauffement de la température, au moins sur l'un des hémisphères de la Terre. Cependant, si même cette hypothèse se vérifie, les résultats ne semblent pas devoir infirmer, de façon sérieuse, les conclusions que nous venons d'énoncer.

§ 2. — *Causes d'ordre tellurique.*

L'intensité avec laquelle l'énergie solaire se ressent varie selon la latitude du lieu considéré ; elle est d'autant plus grande que la latitude est moins élevée (chaleur de l'équa-

---

(1) Nous devons forcément nous borner. Le sujet a déjà donné lieu à des travaux considérables et à d'ardentes polémiques. Dans l'excellent traité de S. Günther, *Handbuch der Geophysick*, Stuttgart, 1899, le chapitre consacré à la question ne mentionne pas moins de 207 citations d'auteurs. Et, depuis lors, les discussions continuent sans amener de conclusion définitive.

teur et des régions tropicales, froid des régions polaires) ; cause : obliquité relative des rayons solaires selon la latitude. En outre, elle ne se manifeste à la surface du sol qu'après avoir subi de profondes altérations en traversant notre atmosphère. Ces altérations dépendent : du degré de densité, d'humidité, de nébulosité, de calme de notre atmosphère; de ses facultés sélectives d'absorption pour les différentes composantes des rayons solaires (infra-rouge, rouge, jaune, vert, bleu, violet, ultra-violet); de la valeur de la réflexion interne diffuse de la chaleur et des effets du rayonnement nocturne de la Terre. Tous ces phénomènes sont d'ordre tellurique.

Quant à déterminer la proportion de la chaleur solaire arrêtée par notre atmosphère, les mesures effectuées jusque maintenant donnent des résultats fort divergents : Rosetti, 29 p. c.; Angström, 64 p. c.; Langley, successivement 41, 30 et tout récemment 20 p. c. En résumé, mesurer la valeur de l'absorption de l'énergie solaire par l'atmosphère terrestre est un problème très difficile, qui contribue à compliquer extrêmement la question de la détermination de la constante solaire. De même, on n'a pu établir exactement, jusqu'ici, l'influence de cette absorption sur l'atmosphère elle-même et sur la météorologie terrestre (1).

C'est le moment de parler de la théorie du physicien suédois Arrhenius, dont Kropotkin fait état pour émettre des vues sur les causes probables de la glaciation pendant le diluvium.

Pour Arrhenius, *la température de la surface de la Terre dépend du plus ou moins de richesse en acide carbonique de l'atmosphère. Toutes les autres conditions étant égales, plus cette richesse est grande, plus il fait chaud.*

---

(1) DESLANDRES, *Histoire des idées et des recherches sur le Soleil.* (C. 43, ANN. BUR. LONG., 1907.)
VIOLLE, *Mémoire.* Congrès de Météorologie, Innsbrück, 1905.

Le jour, les rayons solaires pénètrent dans le sol et le réchauffent. La nuit, le sol restitue au moins partiellement cette chaleur, qui va se perdre dans l'espace; il en résulte un refroidissement de l'atmosphère près du sol. On donne le nom de *rayonnement terrestre nocturne* à ce dernier phénomène.

La composition de l'écorce terrestre — rocs, pierres, sable, marais ou terre végétale, — ou ce qui recouvre le sol, — végétation, neige, glace ou eau, — font que la chaleur solaire est absorbée très inégalement à la surface de notre globe. De là aussi une variation considérable des effets du rayonnement terrestre *diurne et nocturne*. Les mers s'échauffent lentement, mais perdent aussi lentement le calorique absorbé, ce qui contribue beaucoup à atténuer les brusques changements de température. C'est l'une des causes principales de la différence si forte qui existe entre le climat des pays situés à proximité de la mer — à variations de température relativement modérées, — et celui des contrées à climat continental, éloignées de tout océan, comme l'Asie centrale, où ces variations sont souvent excessives.

Rocs, pierres et sable s'échauffent très rapidement, et à un haut degré, mais perdent aussi rapidement la chaleur absorbée, dès que le Soleil disparaît. Quand les rayons solaires frappent la neige et la glace, ceux-ci ont un pouvoir rayonnant considérable, ce qui échauffe notablement l'atmosphère à proximité des surfaces recouvertes.

La végétation joue aussi un rôle, très variable selon sa nature : dans les steppes, avec leurs buissons rabougris, le rayonnement est notablement plus intense que dans nos campagnes verdoyantes.

Paschen [1] a démontré expérimentalement que *l'acide carbonique n'a d'influence que sur le rayonnement terrestre,*

---

[1] PASCHEN, *Ueber die Emission erhitzter Gase.* (ANNALEN DER PHYSIK UND CHEMIE, vol. 50, 51, 52, passim.)

dont il contribue à tempérer les effets de refroidissement, et non sur l'intensité de l'énergie solaire même. Or, d'après les constatations de la géologie, il y a eu des précipitations — pluie ou neige — excessivement abondantes avant, ou vers l'époque du diluvium, — donc avant ou pendant les premiers temps de la glaciation, — tout au moins sur une partie du globe, de sorte que l'acide carbonique, répandu d'abord en excès dans l'atmosphère, doit avoir diminué dans une forte proportion. Ainsi les effets du rayonnement terrestre n'ont plus été sensiblement mitigés, ce qui a amené le refroidissement de l'atmosphère à certaines époques du diluvium. D'ailleurs l'atmosphère ne devait déjà plus contenir alors autant d'acide carbonique que pendant les premières périodes géologiques, la Terre s'étant graduellement refroidie et l'ère des éruptions volcaniques sur des espaces immenses, étant passée. C'est peut-être l'une des causes de la lente diminution de la température, en partant des pôles vers l'équateur, pendant le tertiaire, diminution attestée par toutes les découvertes paléontologiques. Cette diminution a probablement même commencé pendant la dernière partie de la période secondaire (pendant le crétacé) [1].

D'autres influences d'ordre tellurique doivent avoir contribué, dans une large mesure, à amener les modifications du climat pendant le tertiaire et le diluvium. Ainsi que nous l'avons dit plus avant, c'est pendant le tertiaire que l'écorce terrestre a été soumise à de profonds bouleversements.

De nouveaux courants marins et aériens s'établissent qui, comme de nos jours, auront concouru à produire les climats des diverses contrées du globe. Rien d'extraordinaire à cela ; c'est l'ordre logique et naturel des choses.

---

[1] Passarge, *Rumpfflächen und Inselberge.* Zeitsch. Deutschen Geol., Ges. Berlin, 1901, vol. 56.)

On estime qu'un abaissement de 3 à 4° de la température de notre atmosphère, et moins encore sous certaines conditions, a suffi pour provoquer la glaciation. *Celle-ci n'a pas été un phénomène général s'étendant à toute la surface du globe ; elle ne s'est produite comme phénomène glaciaire que sur une partie limitée de cette surface. Mais, même à l'équateur et dans les régions tropicales ou subtropicales, des changements ou des variations de climat se sont manifestés.* Ceci ressort des travaux publiés par le professeur C. Uhlig et par le Dr H. Meyer, ensuite de leurs explorations dans l'Afrique centrale, dans les Andes, au Mexique et dans la Nouvelle-Guinée. (Voir *Geog. Zeitsch.*, 1904, *passim.*)

Enfin, il n'est plus douteux qu'il y a eu plusieurs époques glaciaires — quatre ou cinq certainement ; — la plus ancienne s'est fait sentir avec le plus d'intensité. Dans les monts Tian-Shan, en Asie centrale, Huntington a nettement constaté les traces de cinq avancées glaciaires, d'intensité successivement décroissante.

C'est en se basant sur les données modernes du rôle de notre atmosphère, que De Marchi, sur les travaux duquel Kropotkin étaie aussi sa thèse, a tenté d'indiquer les causes des phénomènes de l'époque glaciaire. La répartition des continents et des mers s'étant modifiée pendant le tertiaire, le pouvoir d'absorption de notre atmosphère pour l'énergie solaire et les effets du rayonnement terrestre n'ont plus été les mêmes que pendant les temps antérieurs. De là les changements climatologiques qui ont produit les alternances glaciaires. Cette explication se rapproche de ce que nous avons dit plus haut ; mais De Marchi, pas plus que d'autres auteurs, ne rencontre tous les aspects du problème. Les causes invoquées sont surtout d'ordre tellurique.

Et ici une autre question importante se pose. Les phénomènes glaciaires, *tels que nous les connaissons jusque main-*

tenant, permettent-ils réellement de juger du climat d'une époque? Le vingt-septième rapport sur « *les variations des glaciers des Alpes suisses,* » le dernier publié, contient, à ce sujet, des remarques bien suggestives. M. Forel, le savant bien connu, auteur du rapport, avance d'abord comme principe que, de même qu'on appelle « *étiage* » d'une rivière l'état de *minimum* du débit de ses eaux, de même la *grandeur minimale d'un glacier représente son état normal ou son étiage.*

S'appuyant sur les observations suivies faites au cours de la seconde moitié du XIXe siècle, il affirme avec force que la crue du glacier n'est qu'un phénomène accidentel. Citons quelques passages de ce rapport :

« Nous avons vu, dans tous nos glaciers des Alpes, la décrue continue réduire les dimensions et tendre vers un état stationnaire en stade de minimum. Nous avons vu, dans quelques cas rares, une vingtaine peut-être dans les Alpes suisses, sur les 780 glaciers catalogués par Siegfried, moins d'une centaine sur l'ensemble des Alpes de l'Europe centrale, cette décrue interrompue par une crue plus ou moins apparente, de durée plus ou moins longue ; mais sitôt le phénomène intercurrent terminé, la décrue reprend son action dominante et le glacier recommence à se raccourcir. Je n'ai pas besoin d'insister sur la généralité et la constance de ce fait, que nous avons signalé dans tous les rapports précédents... Donc, l'état normal du glacier est l'état stationnaire en stade de minimum... Ce n'est qu'à l'étiage que la longueur du glacier représente l'état d'équilibre des conditions climatiques actuelles... C'est dans ces termes que l'on doit, si nos déductions sont exactes, transformer le vieux dicton qui fait du glacier un appareil enregistreur des circonstances climatiques de la contrée. Le glacier représente bien par ses dimensions l'état relatif du climat ; mais ce n'est nullement par ses dimensions quand il est en crue ou en décrue, ou encore en stade de maximum, comme on l'a admis jusqu'à présent, mais uniquement dans ses dimensions à l'état d'étiage. »

« ... La signification climatique du glacier est certaine si l'on considère le glacier à l'étiage ; elle est de peu de valeur si l'on s'adresse à lui en toute autre position dans ses variations périodiques. Que l'on constate, en effet, que deux maximums de glacier ont des dimensions différentes, que celui de l'an 1820, par exemple, a dépassé dans son allongement celui de 1600, cela veut dire simplement que l'accident qui a poussé en avant la grande crue du xix⁰ siècle a été plus grave que celui du xvii⁰ siècle ; il y a là reconnaissance d'un fait fortuit, sans grande valeur météorologique peut-être. Mais si l'on pouvait prouver que l'étiage du glacier en 1900 est plus reculé dans la vallée, plus élevé en altitude que tous ceux qui l'ont précédé dans les siècles antérieurs, on aurait la démonstration certaine d'une variation du climat qui serait devenu plus chaud ou plus sec ; on aurait par des mesures précises la preuve, qu'on chercherait plus difficilement dans l'étude du relèvement de la ligne des neiges, d'un changement profond des facteurs météorologiques — que ce relèvement soit dû à une diminution des précipitations aqueuses ou à une augmentation de la chaleur estivale (1). »

Ainsi, pour l'un des maitres les plus réputés de la glaciologie, la *crue* des glaciers a peu de valeur pour l'appréciation du climat d'une époque. Or, les diverses avancées glaciaires du diluvium ne constituent que des crues, et nous ne possédons aucune donnée certaine, précise, qui nous permette d'apprécier *l'étiage* de ces glaciers, à partir du moment où les premiers se sont formés. Si les vues de M. Forel, corroborées par plus d'un quart de siècle d'observations attentives suivies, sont exactes, on doit renoncer à prendre les crues glaciaires du diluvium, *telles qu'elles sont connues jusqu'à présent,* comme base importante d'appréciation du climat de cette époque. Dès lors, on ne peut admettre l'argumentation de Kropotkin, lorsqu'il considère le prétendu desséchement du globe au cours des temps historiques comme étant la conséquence logique des phé-

---

(1) Dᵣ Forel., prof. à Morges, *Les variations périodiques des glaciers des Alpes suisses,* 27ᵉ rapport. (Jahrbuch des Schweizer Alpesclub, Berne, 1907.)

nomènes de glaciation qui se sont produits pendant la dite époque.

Enfin, dans un mémoire consacré aux faits climatologiques de l'époque glaciaire, l'éminent professeur Penck, de Vienne, ne considère pas non plus l'état d'avancement des glaciers comme criterium du climat des temps pléistocènes (le diluvium de la période quaternaire), mais il invoque, à l'appui de sa manière de voir, d'autres raisons que celles de Forel. S'appuyant plutôt sur l'étude des « névés » et de la ligne des neiges, il conclut que l'âge glaciaire ne s'est pas développé en Europe sous l'influence d'un climat océanique, avec augmentation considérable de précipitations, mais qu'il est dû à un changement de la température [1].

Analysant le grand travail du professeur Passarge, de Berlin, sur le désert de Kalahari, en Afrique australe [2], Penck estime que les intervalles interglaciaires des régions tempérées sont les équivalents des périodes d'augmentation des conditions désertiques à l'intérieur des continents, — comme en Afrique et en Asie centrale —, tandis que les crues glaciaires des dites régions tempérées correspondent aux époques pluvieuses dans les régions continentales. Il semble y avoir eu des changements répétés de climats sur toute la Terre pendant la grande époque glaciaire pléistocène, conclusions auxquelles arrivent aussi Uhlig et H. Mayer, dont nous venons de parler. Des glaciers se formèrent où coulent actuellement les rivières, et des rivières ont fait leur œuvre où existent maintenant des déserts, et vice versa. Tous ces changements peuvent être expliqués en admettant de légères variations de la température à la

---

(1) Prof. ALBRECHT PENCK, *Climatic features of the pleistocene ice age*. South Africa Meeting of the British Ass. (section E), août 1905. (GEOG. JOURN., vol. 27, 1906.)

(2) Dr PASSARGE, *Die Kalahari. Versuch einer physich-geographischen Darstellung der Sandfelder des Südafrikanischen Beckens*. Berlin. 1904. (Ouv. considérable publié avec l'aide de l'Acad. des Sciences de Prusse.)

surface de la Terre, car la température est un facteur très efficace de l'ablation des glaciers et de l'évaporation de l'eau sur toute la surface du globe.

Conclusions. — La géologie a démontré, de façon pour ainsi dire indiscutable, que les grands bouleversements tectoniques qui ont changé la face de la Terre ont pris fin pendant la dernière partie de l'époque tertiaire. Les mers intérieures qui avaient recouvert une fraction notable des continents, au cours de cette période ou avant, s'étaient retirées. Ce processus s'est entièrement accompli avant l'apparition de l'homme.

Des déserts ont existé, en maints endroits du globe, avant la période glaciaire. Ceux que nous connaissons actuellement ne peuvent être considérés comme formés à la suite de transformations ou d'un desséchement qui se serait produit depuis cette époque. La partie de l'Afrique occupée de nos jours par le désert de Kalahari était, d'après les recherches géologiques de Passarge poursuivies sur place pendant près de deux ans, à l'état désertique déjà pendant la période secondaire. Elle se modifia, avec des alternatives diverses, pendant la période tertiaire, puis survint le diluvium et des précipitations abondantes, ensuite les alluvions se desséchèrent et le pays prit l'aspect sous lequel il se présente au voyageur moderne [1].

De même, l'état désertique d'une partie du nord de l'Afrique — Sahara, Soudan, régions de l'Égypte — et de contrées étendues de l'Asie — Arabie, Belouchistan, régions de la Perse, Asie centrale — a existé avant l'époque glaciaire.

Les travaux géologiques de Semonow, de Sewerzow, d'Ignatiew, de Friederichsen, d'Obrutschew, de Bogdano-

---

[1] PASSARGE, *Die Kalahari.* Ouvrage cité; IDEM, *Die klimatischen Verhältnisse Süd-Afrikas seit dem mittleren mesozoicum.* (ZEITSCH. GES. F. ERDKUNDE, Berlin, 1904, vol. 39.

witch (¹), des savants américains Davis et Huntington (²),
et, plus récemment, les recherches systématiques des géologues bavarois Merzbacher, Kreidel et Richarz (³) dans la
chaine des monts Tian-Shan, démontrent que les roches
primitives des principales chaines de cette partie de l'Asie
centrale sont recouvertes par endroits et à de grandes altitudes, par des sédiments de formation bien antérieure à la
période tertiaire. Une partie de ces sédiments appartient
aux temps paléozoïques, c'est-à-dire à la période primitive.
Les sédiments rouges, dits de Gobi, ont été déposés par une
mer intérieure déjà pendant la période mésozoïque ou
secondaire.

Pendant le tertiaire, d'autres dépôts sédimentaires, flu-
viaux et aériens se formèrent, aussi bien avant que pendant
et après le diluvium et l'époque glaciaire.

Il est permis de conclure de l'ensemble de ces travaux,
que les dépôts sédimentaires se sont répandus sur toute la
partie dénommée désert de Gobi et dans le bassin du Tarim,
de sorte qu'on peut affirmer, avec une quasi-certitude, que,
bien avant les temps historiques, des étendues considérables
de l'Asie centrale ont eu, avec des alternatives diverses,
l'aspect désertique, tout comme le Kalahari et le Sahara en
Afrique.

(1) SEMONOW, *Petermann's Mitt*, 1858; SEWERZOW, *Peterm. Mitt.* Ergänzungshefte 42 et 43, 1875; IGNATIEW, *Rapport sur l'Expédition pour l'étude des monts Khan-Tengri*. Iswestiya (BULL. DE LA SOC. RUSSE GÉOG., XXIII, 1887 (en russe); FRIEDE-RICHSEN, *Forschungsreise in den centralen Tian-Shan und Dsungarischen Ala-Tau* MITT. D. GEOG. GES., Hamburg, XX, 1891); OBRUTSCHEW, *Asie centrale, Chine septentrionale et Nan-Shan*, Saint-Pétersbourg, 1900 et 1901 (en russe); BOGDA-NOWITCH, *Recherches géologiques dans le Turkestan oriental*. Saint-Pétersbourg, 1892, (en russe).

(2) DAVIS, *Exploration in Turkestan. Expedition of 1903 under Direction of Raphael Pumpelly*. Washington, 1905.

(3) MERZBACHER, *Forschungsreise im Tian-Shan*. (SITZ. BER. D. MATH. PHYS. KL. D. K. BAYER. AKAD. D. WISS., Münich, 1907); IDEM, *The Central Tian-Shan Mountains*. London, 1905; KREIDEL et RICHARZ, *Aus den wissenschaftlichen Ergeb-nissen der Merzbachen Tian-Shan Expedition. Ein Profil durch den Nordlichen Tiil des Zentralen Tian-Shan*. (ABH. D. MATH. PHYS. KL. D. K. BAYER. AKAD. D. WISS., Munich, 1905.

IX

LE PRÉTENDU DESSÉCHEMENT DE L'ASIE CENTRALE PENDANT LES TEMPS HISTORIQUES JUSQUE VERS LE MILIEU DU XIXᵉ SIÈCLE DE NOTRE ÈRE.

Nous pouvons marcher maintenant d'un pas plus rapide et nous en tenir presque exclusivement à l'énoncé des faits.

L'observation, au moyen d'instruments appropriés, installés dans de bonnes conditions, peut seule fournir des données certaines dans la question qui nous occupe. Or, les premiers instruments météorologiques de mesure — le thermomètre et le baromètre — ne datent que de trois siècles. Les observations n'ont toutefois commencé à se faire de façon systématique que depuis cent cinquante ans environ. Encore, les séries de relevés embrassant une longue suite d'années, pour une même localité, sont-elles fort peu nombreuses. A vrai dire, la météorologie et la climatologie ne s'appuient sur des bases vraiment scientifiques, que depuis moins d'un demi-siècle.

Pour les temps historiques jusque vers le milieu du XIXᵉ siècle, nous sommes donc obligés de nous en tenir aux renseignements fournis par l'étude des auteurs anciens, des documents et des monuments de l'antiquité. Pris isolément, ils n'ont qu'une valeur relative, mais leur ensemble concordant pour de vastes régions et des périodes de temps déjà longues, permet de leur accorder confiance.

La masse de documents de tout genre qui sont déjà connus prouve de manière indubitable, à notre avis, que les conditions météorologiques — pression barométrique, température, précipitations (eau ou neige), direction des vents — ne se sont pas modifiées sensiblement depuis les temps historiques les plus reculés. Il n'y a pas à tenir compte de légères oscillations, avec des alternances plus ou moins régulières dans un sens ou dans l'autre et à périodes relativement courtes, parce que, comme nous l'avons déjà dit, elles n'affectent en rien l'allure générale des climats.

§ 1. — *L'Asie*

Commençons par l'Asie antérieure.

Dans un travail intéressant consacré au climat de la ville de Hébron, en Syrie, Watt démontre qu'au point de vue climatologique, la Palestine ne s'est pas modifiée depuis les temps bibliques. A Hébron, qui est situé à 29 kilomètres S.-W. de Jérusalem, à une altitude d'environ 900 mètres au-dessus du niveau de la mer, et par 31 1/2° lat. N., il tombe annuellement environ 600 millimètres d'eau, dont la majeure partie pendant les mois de novembre à mars, qui constituent la saison pluvieuse, tandis que les mois de juin, juillet et août sont absolument secs. L'année se divise en deux saisons : une saison sèche, l'été, et une saison pluvieuse, l'hiver.

Dans la Bible, un grand nombre de versets sont inspirés par l'observation des phénomènes naturels ou de coutumes locales. Ceux qui confirment l'appréciation émise par Watt pour la Palestine, sont assez nombreux. Pour les anciens Hébreux, la pousse des feuilles était le commencement de l'été, et non du printemps, quoiqu'elle se produise pendant notre printemps.

La Bible ne fait pas mention du printemps, ni de l'automne; l'été et l'hiver sont synonymes de sécheresse et de pluie : « Vois, si l'hiver a passé, la pluie a cessé et nous a quittés » (Psaume de Salomon 2, 11). En été, le manque d'eau est quelque peu tempéré par une rosée abondante (Cf. Isaïe 18, 4). L'absence de pluies automnales et prin-tannières est considérée dans la Bible, comme un malheur pour le cultivateur et il en est encore ainsi de nos jours. Le caractère des vents est resté le même : le vent du Nord est froid, le vent du Sud chaud, le vent d'Est sec, le vent d'Ouest humide : « Quand vous voyez souffler le vent du « Sud, vous dites : il fera chaud, et il en est ainsi. » (Luc, 12, 55). « Le vent du Nord appelle la tempête . » (Sentences 25, 23). La stérilité et la dénudation actuelles de la Palestine sont attribuables, d'après Watt, non à une modification climatérique, mais à une mauvaise économie rurale des Turcs, maîtres du pays (¹).

De tout temps, il a fallu traverser un désert pour passer de la Syrie, de Damas par exemple, dans la Mésopotamie et le bassin de l'Euphrate et du Tigre. Dans ce bassin, l'agriculture était florissante, il y a plus de quatre mille ans, mais cet état de choses favorable était dû uniquement à un système d'irrigation bien combiné et entretenu avec des soins extrêmes.

A cette époque reculée, l'ensemble des canaux d'irriga-tion répartis dans toute la contrée et qui réunissaient les deux grands fleuves en plusieurs endroits, représentait une longueur totale d'environ dix mille kilomètres. Des milliers et des milliers de prisonniers de guerre étaient utilisés à leur creusement et à leur entretien, par les despotes souverains, les rois de Babylone et de Ninive, et des hécatombes de vies humaines étaient trop souvent la rançon de la fertilité artificielle du pays. Des peines sévères étaient édictées contre ceux qui n'observaient pas les ordonnances royales. Parmi les 282 articles du célèbre « Code des Lois » (Droit

---

J. A. WATT, *The climate of Hebron (in Syria). Journ. Scott. Meteorolog. Soc., 216)*

privé) de Hammurabi, roi de Babylone, 2 300 ans environ avant l'ère chrétienne, il s'en trouve bon nombre qui se rapportent à l'affermage des terres, à l'irrigation, à la pâture des troupeaux, à l'aménagement des champs en jardins (¹). Ce code nous donne le reflet de la situation de la Chaldée, pendant bien des siècles avant l'époque de sa promulgation, qui remonte déjà à plus de quatre mille ans.

A Mossoul, ville située en face de l'emplacement occupé jadis par Ninive, il tombe encore actuellement 300 millimètres d'eau par an, quantité tout à fait insuffisante pour que l'agriculture soit possible, sans le secours d'un système d'irrigation.

Toute la région aux environs de l'ancienne Babylone et celle qui s'étend vers le Golfe Persique, montrent d'une manière frappante, comment les sables du désert ont comblé les anciens canaux d'irrigation et recouverts les antiques cités, à mesure que l'état politique, et surtout économique, est devenu moins stable, pour aboutir à l'anéantissement complet et à la ruine.

Tant que la Chaldée et l'Assyrie ont eu des souverains assez puissants pour imposer les travaux d'irrigation et de labour, tant que ces contrées ont formé le chemin naturel du négoce entre les peuples de l'Orient et ceux de l'Occident, les limites du désert qui les étreignait déjà pendant les temps préhistoriques, ont été successivement reculées. Le désert s'est, au contraire, étendu et a envahi à nouveau les espaces qui avaient été conquis sur lui, dès que l'homme a cessé de lutter contre lui, ou lorsque les moyens d'action ont faibli ou ont été mal employés. Les Arabes ont, sous ce rapport, littéralement dilapidé les trésors en eau que les deux grands fleuves jumeaux de la Chaldée mettent géné-

(¹) Scheil, assyriologue, professeur à l'École pratique des Hautes-Études à Paris. Tome IV des *Mémoires de la délégation française en Perse*, dirigée par M. J. de Morgan, Paris, 1900-1901. Voir aussi K. Bezold. *Ninive und Babylonien*, Bielefeld 1903.

reusement à leur disposition (¹). Et le même processus
régressif s'est établi partout dans des circonstances semblables. Aucun changement de climat ne s'est produit et n'a
dû se produire pour amener pareil résultat. Celui-ci peut
être prévu de façon presque mathématique ; il est fatal et
n'est, encore une fois, que l'aboutissement logique des conditions naturelles de la contrée, si l'homme ne prend pas de
mesures préventives. Il en est surtout ainsi, dans les régions
où les températures sont excessives ou à variations extrêmes
et où les précipitations sont peu abondantes.

Sir W. Willcocks, — l'auteur des plans et le construc-
teur du grand barrage d'Assouan, en Egypte, dont on
connaît l'influence bienfaisante — veut reprendre la lutte
contre le désert dans le bassin du Tigre et de l'Euphrate. Il
propose d'élever des barrages et de rétablir, en l'amélio-
rant, l'ancien système d'irrigation de la Mésopotamie et de
rendre ainsi la fertilité à d'immenses étendues maintenant
désolées (²).

Dans le nord de la Mésopotamie, vers le Kurdistan, les
mêmes constatations ont été faites. Malgré des vicissitudes
nombreuses, le pays est resté relativement prospère jusque
vers le XIII⁰ siècle de notre ère, époque à laquelle l'agriculture a été complètement abandonnée à la suite d'invasions
de peuples qui ont refusé de s'occuper de la culture de la
terre, occupation qu'ils tiennent en profond mépris. Depuis
quelques années, la situation s'est améliorée parce que l'on
est partiellement revenu aux anciennes coutumes du
pays (³).

---

(1) Cadoux, *Recent changes in the course of the lower Euphrates* (Geog. Journ.,
t. 38, 1935.)

(2) Sir W. Willcocks, *Irrigation of Mesopotamia*. Le Caire, 1908 (trad. franç. par
Bechara).

(3) Mark Sykes, *Journeys in North Mesopotamia*. (Geog. Journ. 1907.)

L'étude des parties désertiques de la Perse, de l'Afghanistan et du Belouchistan, permet de conclure à leur existence aux époques les plus reculées de l'histoire. Pour s'en rendre compte, il ne suffit pas d'un voyage d'exploration de deux ou trois mois, car une observation de durée insuffisante peut conduire aux plus graves erreurs, ainsi que l'a démontré le Colonel Mc Mahon pour ces trois pays (¹).

Cet explorateur cite des faits significatifs pour le Seistan, qu'il a parcouru en tous sens pendant deux années et demie consécutives. De nos jours, cette contrée appartient politiquement partie à la Perse, le reste à l'Afghanistan. Les plus anciens historiens de Zoroastre, les Grecs, les Arabes et les Persans en font mention et parlent de ses cités florissantes. Le Seistan fut le berceau de la dynastie des Achéménides, d'où sont issus les rois Cyrus, Cambyse, Darius et d'autres maîtres du monde antique. Alexandre le Grand traversa, avec son armée, le Seistan en route pour l'Inde, en 330 avant J.-C. et ses commentateurs parlent tous avec admiration de la brillante civilisation du pays. (Le Seistan était nommé alors Drangiana ou Zarangiana.)

Sur un espace de plus de 11 000 kilomètres carrés, entre les degrés 60 et 62 1/2 longitude E. de Greenwich et les degrés 30 et 31 latitude N., on rencontre à chaque pas des ruines, les unes encore imposantes, couvrant d'immenses étendues, les autres de proportions réduites. On y voit tous les stades de la destruction par le temps et les agents naturels, comme aussi par la main de l'homme. L'œil, en scrutant l'horizon, en découvre partout ; nulle contrée du monde n'en possède autant sur pareil espace. Quelques-unes, tels les minarets de Nad-i-Ali et de Mil-i-Kasimabad, sont entièrement en briques cuites au feu, mais pour la plupart la base seule est construite au moyen de ces matériaux et la

---

(¹) Capitaine A.-H. Mc Mahon, *The Southern Borderlands of Afghanistan*. (Geog. Journ, 1897.) — Colonel Sir A.-H. Mc Mahon, *Recent Survey and Exploration in Seistan*. (Geog. Journ., t. 28, 1906.)

superstructure se compose uniquement de briques séchées au soleil. Comme le Seistan, semblable en cela encore à la Mésopotamie (1), est dépourvu de pierres propres à la bâtisse, les monuments les plus anciens en sont dépourvus et ont offert une moindre résistance à la destruction que ceux d'Egypte, par exemple. Mais tous les murs ont une grande épaisseur, la brique est bien façonnée, enfin le climat du Seistan a toujours été excessivement sec, il n'y tombe que de 6 à 10 millimètres d'eau par an. Ces diverses causes réunies ont préservé les anciennes constructions d'une destruction rapide. Parmi les ruines, nous citerons celles de Zahidan (Zaranj), de Kasimabad, de Jallalabad, de Chihal Burj, de Sar-o-Tar, de Hauzdar, de Ramrod, de Tarakun.

Entre le Seistan et la pointe avancée occidentale de l'Inde, vers Quettah, s'étend la région actuellement désertique de Dasht-i-Margo, puis le grand désert de Régistan.

Comme dans l'Asie centrale, le système hydrographique du Seistan n'a pas d'écoulement vers la mer. Toutes les eaux descendent des montagnes, notamment des monts Paropamisus et Hazarajat (Hazara), au nord, alimentant un certain nombre de rivières, dont les principales se nomment : Helmand, Khash, Fara Rud et Harut Rud. Les eaux se déversent, en majeure partie, dans le grand lac Hámun. Celui-ci mesure en longueur 160 kilomètres sur 15 à 20 kilomètres, et, dans sa partie nord, 60 kilomètres de largeur. Sa profondeur est relativement faible, 4.50 mètres dans sa plus grande dépression et pendant les crues, son niveau ne s'élève que de 1 à 3 mètres.

La rivière ou fleuve Helmand, qui draine une large portion de l'Afghanistan, l'emporte notablement en importance sur les autres rivières. Son parcours est de 960 kilomètres ;

---

(1) Pour les grands monolithes sculptés trouvés en Mésopotamie, on a employé les blocs de pierre des Monts Sinaï et des alentours, amenés sur place à grand renfort de bras. Que de vies humaines sacrifiées avant qu'ils ne fussent à pied d'œuvre !

son débit varie entre un minimum de 600 mètres cubes, minimum normal, et 15 000 à 20 000 mètres cubes par seconde pendant la bonne saison. Les années de crue extraordinaire, comme en 1885, le débit atteint 180 000 et même 210 000 mètres cubes à la seconde. C'est le cours d'eau le plus considérable de l'Asie méridionale, entre l'Indus et le Tigre.

Au sud du Seistan existe un second lac de dimensions moindres que le Hamun, avec lequel il correspond par un canal.

Toutes les rivières du Seistan roulent une quantité considérable de limon, qui finit par se déposer et élever leur lit, de sorte qu'elles débordent et que, au cours des siècles, elles se fraient un autre cours. Cette quantité de vase, ou de limon, roulée par les rivières, représente pour certaines d'entre elles la proportion de 1 partie de limon pour 127 parties d'eau, proportion qui n'est atteinte ou dépassée que par fort peu de cours d'eau du globe.

La grande rivière Helmand s'est frayé ainsi plusieurs canaux, ou cours, dont trois sont encore parfaitement reconnaissables quoique comblés en majeure partie par les sables. Chaque fois à son embouchure, le Helmand a formé un delta.

Ce n'est pas tout. Le grand lac Hamun lui-même s'est déplacé à plusieurs reprises, comme le Lop-Nor dans le Turkestan chinois, mais ce déplacement s'est produit sur une plus grande aire, car on trouve plusieurs anciens lits de ce lac dans le Seistan, en concordance avec les variations du cours de la rivière Helmand. On peut dire qu'il a voyagé d'une extrémité du pays à l'autre, suivant le sens de la longitude.

D'après le colonel Mc Mahon et les spécialistes qui accompagnaient l'expédition militaire qu'il commandait en vue d'une délimitation de frontière, ce nomadisme du système hydrographique du Seistan est dû à ce lent envasement des cours d'eau et du lac dans lequel ils se jettent, mais le vent y a contribué beaucoup en creusant le sable dans certaines régions et en le transportant dans des dépressions, qui ont été comblées.

Le changement considérable survenu dans la morphologie du pays, ainsi que les traces d'une variation du niveau des eaux, sont attribués par Ellsworth Huntington à des modifications du climat (1).

Ce savant n'a séjourné que trois mois dans le Séistan. Ses remarques ne sauraient prévaloir contre l'amas d'observations de tout genre qui ont été accumulées au cours d'un travail ininterrompu de deux ans et demi, par l'expédition anglaise. Celle-ci, équipée dans des conditions spéciales, a pu vaincre tous les obstacles qu'offre un pays particulièrement inhospitalier *maintenant*. Elle ne comprenait pas moins de 1500 personnes, avec un assez nombreux état-major d'officiers et de spécialistes. Elle perdit plusieurs hommes par suite du froid, de la chaleur, de la soif et des morsures d'insectes ou d'animaux. Sur 200 chevaux, une cinquantaine seulement survécurent et, de plus, 4900 chameaux, faisant partie du convoi, périrent par des causes diverses.

Comme la Palestine, le Seistan ne connait que deux saisons : l'hiver et l'été. A des froids très vifs de novembre à mars, pendant lesquels les grands cours d'eau gèlent par places, succèdent brusquement, d'avril à novembre, des chaleurs torrides ; le ciel reste alors sans nuages. De mai à octobre, la température varie à l'ombre entre 43 et 48° et atteint même 50°.

A partir de fin avril, ou de la mi-mai, jusqu'en septembre souffle un vent terrible, nommé « *Bad-i-Sad-o-bist roz* » qui mitige la chaleur, et a surtout l'avantage de chasser la nuée

---

(1) ELLSWORTH HUNTINGTON *The Basis of Eastern Persia and Seistan* (RECORDS OF THE CARNEGIE INSTITUTE, EXPEDITION OF 1903, pp. 219-317.

d'insectes malfaisants de tout genre qui pullulent dès les premières chaleurs. Lorsque le vent diminue quelque peu, les insectes reparaissent ne laissant aucun répit aux hommes et aux animaux. Comme en Asie centrale, ce vent souffle invariablement de la même direction — Nord légèrement Ouest, — entre 316 1/2' et 333 3/4°, avec une effrayante violence ; sa vitesse est de plus de 110 kilomètres à l'heure, nombre rarement constaté en Europe. L'hiver, des blizzards terribles sévissent aussi par moments ; en mars 1905, l'anémomètre enregistra un maximum de vitesse de plus de 190 kilomètres à l'heure ! A cette occasion, la moyenne de la vitesse horaire relevée pendant 60 heures consécutives, fut de 140 kilomètres. Sous des poussées aussi formidables, certaines dunes de sables sont déplacées par fragments, par suite du manque absolu d'arbres ou de végétation capable de fixer le sable, pour se reformer plus loin en affectant les aspects les plus variés.

Les ruines montrent que ce vent a soufflé de la même direction et avec la même force aux époques les plus reculées de l'histoire. L'angle de construction était orienté alors et renforcé, comme de nos jours, pour résister à ces poussées extraordinaires du vent, qui a certainement contribué largement à établir le caractère du pays. Sous ce rapport, le Seistan a été le théâtre de phénomènes analogues à ceux décrits par Passarge pour le Kalahari, en Afrique.

Toute la contrée était jadis pourvue d'un système d'irrigation très étendu. En de nombreuses places, actuellement transformées en régions arides et désertes, on cultivait les céréales, si bien qu'elles servaient de greniers d'abondance pour d'autres pays. Admettons que la population générale de l'Asie était bien moins nombreuse dans l'antiquité que pendant les temps modernes et que, partant, une production moindre pouvait suffire. Mais il n'en est pas moins vrai que, malgré les conditions défavorables du climat, le sol était largement cultivé et que tout cela a en grande partie disparu ;

l'homme seul ici est encore une fois le grand coupable.

Les ruines, les poteries, les objets de toute nature retrouvés en de nombreux endroits et qui remontent à la plus haute antiquité, certains aux temps préhistoriques, indiquent que des agglomérations ou des villes ont été abandonnées lorsqu'une rivière ou le lac Hamun se déplaçaient, pour être reconstruites à proximité de leur nouveau lit. Dans l'antiquité, le pays eut à subir bien des luttes, pendant lesquelles sa prospérité subit des atteintes, mais il put se relever partiellement. A partir du Xᵉ siècle de notre ère, son déclin fut rapide. Les conquérants Mahmud de Ghazin, Jenghiz Khan, et surtout Tamerlan et son fils Nadir Shah, furent les principaux auteurs de la ruine totale de la contrée. Tamerlan, pour se venger d'un premier insuccès et de la blessure qu'il reçut en Seistan en le rendant boiteux (Timur-Lang, Timur le boiteux), rasa les villes, et passa les habitants au fil de l'épée. Ensuite, voulant consommer la perte du pays, lui ou son fils fit détruire toutes les berges, tous les barrages de la grande rivière Helmand dont dépendait la majeure partie du système d'irrigation qui donnait la vie au Seistan. C'était l'anéantissement, car par suite de la chaleur, du vent et de la sécheresse de l'air, l'évaporation des eaux y est extrêmement rapide. D'après les observations et les calculs de M. Ward, le spécialiste attaché à l'expédition anglaise de 1905, un volume d'eau d'environ trois mètres d'épaisseur disparait annuellement par évaporation ; en d'autres termes, un lac non alimenté qui aurait trois mètres de profondeur, serait entièrement à sec au bout d'un an. Jamais le pays ne s'est relevé de ce coup, et ce ne sont pas les gouvernements de Perse et de l'Afghanistan qui sont capables de réédifier convenablement ce qui a été détruit. Et c'est ainsi qu'une grande partie du Seistan s'est transformée en désert, et que certaines conditions défavorables du climat se sont aggravées ou se font sentir avec plus de force.

Cependant, les alluvions qui composent le sol sur une grande étendue sont si fertiles, les eaux descendant des hautes montagnes, formant la bordure du bassin du Seistan et dont plusieurs sont couvertes de neiges éternelles, sont si abondantes, que les explorateurs anglais sont unanimes pour déclarer qu'il suffirait d'efforts intelligents, poursuivis pendant un certain nombre d'années, pour rendre la prospérité à de vastes régions du pays.

Il reste un phénomène insuffisamment expliqué jusqu'ici : une bonne partie des eaux du Seistan ne sont pas salines quoiqu'il n'y ait pas d'écoulement vers la mer.

Nous avons voulu parler avec assez de détails du Seistan, — en général si peu connu, — parce qu'il offre de frappantes analogies avec la situation et les événements de l'Asie centrale.

Remontons maintenant vers le nord. Nous abordons l'Asie centrale par les pays situés le long des frontières septentrionales de la Perse et de l'Afghanistan, en y englobant toute la partie du Turkestan russe au sud de la grande rivière Syr-Darja (nom ancien Jaxartes).

Dans l'antiquité, cette région comprenait plusieurs grandes divisions, dont, pour la facilité de notre exposé, nous citerons les principales :

1. La Margiane, traversée par la rivière Murghab; capitale Antiochia Margiana et, plus tard, la ville de Merv.

2. La Bactriane, au nord de la Margiane, entre l'Amu Darja (Oxus) et les monts Paropamisus (Hindu-Kuch); traversée par le cours supérieur de l'Amu Darja, capitale Balk. (nom ancien Bactres), non loin de l'Oxus.

3. La Sogdiane, au nord de la Bactriane, traversée par la rivière Zerafshan (ou Zarafshan, ou Sogd, ou encore Kara-Darja) qui va se perdre dans la plaine à peu de distance de l'Oxus. Villes principales Maracanda (ou Markanda), la Samarkand actuelle, reconstruite à peu de distance de

l'ancienne Markanda, non loin du Zerafshan, et Boukhara, sur le bras principal du Zerafshan. La Sogdiane forme en grande partie le khanat de Boukharie actuel.

4. A l'ouest, vers la mer Caspienne, le pays de Khiva, qui dépendait avant Alexandre le Grand, de l'empire des Achéménides.

Les auteurs anciens vont nous apporter des renseignements décisifs.

Dans les œuvres de Quinte-Curce (Curtius Rupes Quintus) (1er siècle après J.-C.) relatives à la vie d'Alexandre le Grand, se trouve une description de la Bactriane à l'époque où ce conquérant l'envahit (vers 328 avant J.-C.), laquelle correspond encore à l'état actuel du pays :

« La Bactriane ne se trouve pas partout dans les mêmes conditions naturelles. Certaines de ses parties non seulement produisent beaucoup de fruits et de vin, mais ils sont encore de très bonne qualité. De nombreuses sources arrosent le sol gras ; les régions les plus fertiles servent à la culture des céréales, le reste est utilisé comme pâturage pour les troupeaux. Mais une grande partie du pays ne comprend qu'un sol sablonneux stérile, déserts sauvages et arides, où hommes, ni fruits ne sauraient prospérer. Les vents soufflant de la mer Pontique (mer Caspienne) amassent dans ces déserts le sable en tas, de sorte que de loin on ne croit distinguer que des collines de sable parmi lesquelles on ne trouve plus trace des chemins frayés précédemment. Par suite, ceux qui voyagent dans ces déserts observent les étoiles, la nuit, pour se diriger, à la façon des marins, l'ombre de la nuit permettant mieux de se guider que pendant la clarté du jour....., d'ailleurs, ce vent soufflant de la mer ensevelit sous le sable les voyageurs qui sont en marche. Mais là où le sol est meilleur, le pays est habité et les chevaux sont nombreux, si bien que la cavalerie de la Bactriane était forte de 30 000 hommes. Au pied du Paropamisus se trouve Bactres, capitale du pays, et tout près de ses murs coule le fleuve (rivière) Baktra, qui a donné son nom à la ville et au pays. »

Quinte-Curce décrit plus loin, en un style coloré, exagéré peut-être, les tortures que les soldats d'Alexandre eurent à supporter pendant la traversée du désert, par suite du manque d'eau, sur un parcours de 400 stades (une soixantaine de kilomètres) avant d'arriver à l'Oxus. Les bords de ce fleuve étaient entièrement dépourvus de végétation.

L'historien grec Arrien (IIe siècle après J.-C.), auquel on a reconnu un grand sens critique et dont la véracité des récits a été maintes fois constatée, certifie qu'au IVe siècle avant J.-C. (en l'année 328), le Serafshan (Polytimetus) n'atteignait pas l'Amu-Daria :

« Alexandre le Grand parcourut tout le pays, aussi loin que le Polytimétus l'arrose. Au-delà du point où l'eau du fleuve disparaît, il n'y a que le désert; le fleuve se perd dans le sable, malgré son grand volume d'eau (nous ajoutons, sans atteindre l'Oxus ou Amu-Daria). De façon semblable se perdent d'autres cours d'eau d'égal volume et à courant continu, tels que l'Epardus, qui parcourt le pays des Mardes, l'Arius, qui a donné son nom au pays des Ariens, l'Etymandre qui arrose le pays des Energétes. Toutes ces rivières sont importantes; aucune d'elles n'est plus petite que le fleuve Penée en Thessalie (Grèce) et le Polytimétus (Serafshan) est, sans comparaison possible, beaucoup plus grand que le Penée. »

(Expédition d'Alexandre IV, 6, œuvres d'Arrien).

Strabon (Ier siècle de notre ère), certifie la même chose :

« Après avoir arrosé la Sogdiane, le Polytimétus parvient à une contrée sablonneuse, désertique, où il se perd dans les sables, de même que l'Arius, qui coule à travers l'Aria. » (XI, 11, 5.)

A l'époque des Arabes, au Xe siècle de notre ère, le Serafshan se trouvait dans des conditions identiques (1).

---

(1) W. Bartold, *Turkestan v epochu mongolskago nasestvija* (Le Turkestan à l'époque de l'invasion des Mongols. Saint-Pétersbourg 1900, cité par le Prof. Berg).

Le professeur Berg, qui s'est aussi occupé de la question,
arrive aux mêmes conclusions ([1]).

Au temps des écrivains arabes (Xe siècle), la rivière
Balchab n'atteignait pas plus qu'aujourd'hui l'Amu-Daria.
Il y a mille ans, s'étendait entre le Balch (vers Masar-i-
Sherif) et Merv, une région en partie désertique. D'après
le témoignage du professeur Shukowsky, l'oasis de Merv,
au moyen âge comme de nos jours, n'occupait qu'un espace
insignifiant dans les différentes directions autour de la ville:
les plaines sablonneuses commençaient déjà à 5 farsach
(30 verstes ou environ 32 kilomètres) de la ville ([2]).

D'après Pline aussi, la fertile Margiane est difficilement
accessible car elle est entourée de tous côtés de déserts.
(C. *Plinii Historia naturalis*, VI, 16, 18.)

Le professeur L. Berg, qui a dirigé une expédition
scientifique de 1899 à 1902 pour l'étude du lac Aral et de
la région, estime que celui-ci avait approximativement les
mêmes limites il y a mille ans qu'actuellement. Il cite le
géographe arabe Ibn Haukal, qui écrivait vers l'an 976 et
qui mentionne un « nouvel établissement » se trouvant à la
distance d'un farsach (environ 6 kilomètres) de la rive du
Syr Daria et à deux journées de marche de l'embouchure
du fleuve dans le lac Choresmique (lac Aral). Ce nouvel
établissement est Dshankent, dont les ruines, éloignées de
22 verstes (24 kilomètres environ) de Kasalinsk, sont situées
aujourd'hui, comme il y a 933 ans, à la même distance du

---

[1] Prof. L. Berg, *Naoutchnyé resultaty Ara'skoj Ekspedicii*, (Résultats scientifique
de l'Expédition au lac d'Aral). BULL. SOC. GÉOG. RUSSIE, section Turkestan. 1902,
page 42.

M. le prof. Berg a également publié en russe, dans le Bull. (Izvestya) de la Soc. Imp.
géog. de Russie, vol. 41, 1905, pp. 507-521, un intéressant article : *L'Asie centrale
est-elle en voie de dessèchement ?* dont nous reproduisons les citations d'auteurs anciens
dans la présente partie de notre travail. Nous aurons à y revenir, dans le chapitre
suivant, pour ce qui concerne les faits constatés en Sibérie depuis moins de cinquante
ans. (La trad. de cet article a paru in *Geog. Zeitsch.* Leipzig, octobre 1907.)

[2] W. Barthold, *Istoriko-geografitcheskiy otcherk Irana*. (Esquisse historico-géogra-
phique de l'Iran). Saint-Pétersbourg, 1903 (cité par L. Berg).

lac Aral. De même, on ne peut pas dire que la mer Caspienne se trouve en état de dessiccation ininterrompue. Il y
eut une époque où son niveau était de beaucoup inférieur à
ce qu'il est aujourd'hui et, d'après l'estimation du professeur
Brückner, la mer Caspienne a dû se trouver, au XIIᵉ siècle,
environ 5 mètres plus bas qu'au milieu du XIXᵉ siècle.

Dans son mémoire sur le desséchement de l'Asie centrale, Kropotkin a beaucoup insisté sur l'extension des
mers Caspienne et Aral (lac) pendant et après l'époque glaciaire. A l'époque glaciaire, le lac Aral et surtout la mer
Caspienne occupaient une étendue beaucoup plus considérable que pendant les temps modernes. Avec le retrait des
glaciers, ces mers diminuèrent, en laissant derrière elles
des plaines, les unes sablonneuses, d'autres argileuses, ren-
fermant des coquillages. Ce retrait, aussi bien des glaciers
que de ces mers, remonte à une époque très éloignée, antérieure de bien des milliers d'années au commencement des
temps historiques. Mais l'extension de la mer Aral n'atteignait pas, de loin, celle indiquée par Kropotkin. Les travaux
de Muschketow, de Romanowsky, de Berg le démontrent.
Les plus hautes terrasses de l'Aral font voir que le niveau
de ce lac, à l'époque de son plus grand développement,
n'était supérieur que de 4 à 5 mètres au niveau actuel. Contrairement à ce qui a été dit, il n'a jamais été réuni au lac
Balkash, à l'est. Le niveau de ce dernier lac ne dépassait,
pendant la période préhistorique, que de 1 à 2 mètres le
niveau relevé dans ces derniers temps; l'étude de ses terrasses le prouve. Enfin, son extension n'était pas plus considérable jadis. Pour l'Aral même, on n'a retrouvé ses
coquillages qu'à une faible distance du bord dans le Kysyl-
Kum (désert rouge, carte IV). (L. BERG, *Annuaire* (Jeze-
godnik) *de Géol. et de Minéral. de Russie*, 1902).

Passons au Turkestan chinois. Rappelons les époques de
sa prospérité, au moins dans certaines de ses parties, et de

sa décadence, d'après les découvertes des explorateurs : nombreux centres populeux pendant les derniers siècles avant l'ère chrétienne et pendant les deux premiers siècles de cette ère ; ensuite, le pays semble voué à la ruine. Renaissance vers le VIIIe ou le IXe siècle jusque vers le XIIIe siècle, mais les localités n'ont plus l'importance de celles de la première époque, puis, encore une fois, décadence et néant. Enfin, vers le XVIIIe siècle, nouvelle reconstruction des cités ou des bourgades, mais moindres encore que pendant les époques précédentes.

Contrairement à ce que tendent à faire admettre Huntington et quelques autres, nous ne pouvons attribuer cette série de vicissitudes et le caractère désertique de la contrée à une modification défavorable du climat. Sven Hedin, ainsi que l'archéologue Stein, qui ont tous deux parcouru de vastes régions du Turkestan chinois, ne croient pas non plus à un changement de climat. Le professeur L. Berg et d'autres géologues russes combattent avec force l'hypothèse de ce changement et les vues émises, à ce sujet, par Kropotkin.

Peut-être des mouvement du sol, un soulèvement de l'ensemble de cette partie de l'Asie centrale, comme le croit Suess, d'après certains indices discutables cependant[1], ont-ils contribué à amener l'état de chose actuel. Les terrains sédimentaires qui recouvrent la croûte de la fraction du globe occupée par le Turkestan chinois et le désert de Gobi, facilitent aussi énormément l'absorption des eaux, dont la salinité, attribuée au manque d'écoulement pour une bonne part, est peut-être augmentée par la présence de salpêtre ou d'autres corps salins, dans ces terrains, comme c'est le cas dans certains districts du Seistan. Composés de grès tertiaires, ils ont formé des sables mouvants à base de calcaire, de silice et d'autres matières peu aptes à retenir les

---

[1] Suess, *La Face de la Terre*, t. I, p. 619.

eaux. Les sables ne sont que les matériaux réduits, pulvérisés, provenant de la désagrégation des roches; ils ont une composition très variée dans les diverses régions du Turkestan chinois même. Au point de vue de leur fertilisation, ceux de ce dernier pays sont moins bien composés, en général, que les sables du Seistan.

La vie ne peut s'étendre dans une contrée pareille, déjà à l'état désertique pendant la préhistoire et dont le climat est excessivement sec et à variations de température extrêmes, que sous l'action de mesures énergiques à prendre par l'homme. Les circonstances économiques peuvent faire naître ces mesures, ou rendre leur application plus facile.

Sous ce rapport, il est arrivé dans le Turkestan chinois ce qui s'est produit dans la Mésopotamie. Mêmes causes, mêmes effets. La situation, l'orographie et l'hydrographie du pays et des contrées voisines sont telles, que des régions de ce qui forme actuellement le Turkestan chinois, étaient tout naturellement indiquées pour servir de passage, de trait d'union entre l'Extrême-Orient, d'une part, l'Asie antérieure et l'Europe orientale, d'autre part. On ne doit pas oublier que, pendant toute la durée des premières civilisations et jusque vers le XIIIe siècle de notre ère, c'est-à-dire pendant des milliers d'années, toutes les transactions commerciales, toutes les relations avec la Chine, se sont établies uniquement par la voie terrestre. C'est plus tard seulement qu'on a osé suivre les grandes routes maritimes lointaines.

Le contact des peuples de l'Extrême-Orient asiatique avec ceux de l'Asie antérieure remonte à une époque très reculée, indéterminable. Il y a eu pénétration réciproque de ces divers peuples.

Des routes naturelles, jalonnées d'agglomérations, ont ainsi été suivies au cours des siècles, bien avant l'ère chrétienne, entre les régions de la mer Caspienne et du lac Aral, et la Chine.

La voie du nord, la plus longue mais la moins difficile au point de vue des accidents de terrain, contournait la chaîne des monts Tian Shan. On a pu l'appeler la route de la soie, parce que c'est par là que les soies de Chine étaient surtout exportées.

Vers la partie méridionale du Turkestan chinois et du bassin du Tarim, convergeait la route du sud, nommée la route du Jade, parce qu'elle était suivie pour le transport de cette pierre, recueillie surtout dans les cours d'eau descendant des monts Kuen Lun. Le jade était considéré alors comme la pierre la plus précieuse dans tout l'Orient. On lui attribuait des vertus nombreuses; tous les puissants cherchaient à se procurer les plus beaux échantillons.

Enfin, il existait au nord, comme au sud, des mines d'or et d'argent, qui étaient exploitées. Le sel donnait aussi lieu à trafic. Ces routes se bifurquaient dans différentes directions; c'est par là que l'Inde était reliée à la Chine.

La plupart des ruines découvertes se trouvent le long ou à proximité de ces anciennes routes, ou de leurs ramifications vers l'intérieur, dont on voit à peine trace maintenant, et des rivières voisines et de leurs affluents.

Ces transactions commerciales furent à leur apogée à l'époque de la plus grande prospérité des villes disparues, vers l'aurore de l'ère chrétienne. Alors existaient aussi des systèmes d'irrigation, tout au moins au sud du Tarim, aux environs de Miran et d'autres anciennes cités.

Tous les documents découverts fournissent la preuve d'une organisation politique qui veillait pour maintenir le régime en vigueur.

Cette situation prit fin, presque subitement, vers le IIe siècle de notre ère.

Parmi les documents remontant à cette époque, enfouis dans les sables du nord du Turkestan chinois et mis au jour par l'archéologue Stein, il y a des ordres de travaux,

des règlements de compte, d'où se dégage cette impression
que rien ne faisait prévoir un changement dans la situation du pays. Si ce changement, si la ruine de ces contrées
avaient été la conséquence d'une modification du climat, il
est de toute évidence qu'ils eussent été prévus depuis longtemps.

Les documents découverts par Sven Hedin dans le bassin du Tarim, au sud, révèlent un état de choses analogue.
Ils se rapportent à des événements courants, de pratique
journalière, sans allusion aucune à un trouble quelconque
dans les conditions d'existence.

Au nord comme au sud, bon nombre de documents
n'étaient souvent recouverts que de quelques centimètres
de sable, et leur degré de conservation était cependant par-
fait. Si les précipitations aqueuses eussent été plus abondantes il y a deux mille ans, tous ces papiers eussent été
détruits depuis longtemps. C'est précisément la sécheresse
extrême du climat, dans l'antiquité comme à présent, qui
les a préservés.

Ainsi, on doit plutôt attribuer à des événements provoqués par l'homme le changement plus ou moins brusque
qui s'est produit après le IIe siècle. Invasion, guerre, destruction? Les hordes de Mongols et de peuples de même
race qui se sont répandus pendant plusieurs siècles en Asie
antérieure et ensuite en Europe, n'avaient cure des cités
qu'elles brûlaient. Encore moins s'occupaient-elles d'agriculture, qu'elles méprisaient. Tous les travaux d'irrigation
ont été détruits vers cette époque, comme tout ce qui faisait
alors partie de la civilisation.

On ne saurait assez le dire : dans toute les contrées à
allure ou à morphologie désertique, pendant la préhistoire
comme après, de temps immémorial, la prospérité n'a été
possible pour l'homme qu'à la condition formelle de lutter
sans répit contre les conditions naturelles existantes. Le
rôle bienfaisant et préservateur de la végétation y a aussi

été trop oublié ou méconnu. Quelque maigre qu'elle soit, elle fixe et retient souvent, et sur de larges espaces, les sables mouvants. Cette végétation étant détruite, les sables se déplacent et envahissent tout, sous la poussée des vents dominants. Or, dans leurs courses répétées, les hordes envahissantes ont arraché ou brûlé la végétation particulière des pays qu'elles traversaient. Il en a été ainsi dans l'immense étendue qui s'étend de la Mongolie jusqu'au lac Aral et la mer Caspienne.

L'œuvre de destruction accomplie, il n'y eut, avant long-temps, aucun pouvoir assez puissant pour réédifier.

Du VIII⁰ au XIII⁰ siècle, des centres se sont à nouveau formés ; c'est la première renaissance depuis l'ère chrétienne. Alors apparait Dschingish Khan. La désolation reprend son empire. Un siècle plus tard, Tamerlan achève l'œuvre de destruction. A Samarkand, dans le Turkestan russe, Dschingish Khan avait passé plus de cent mille habitants au fil de l'épée. Grâce à sa situation exceptionnellement favo-rable, cette ville avait pu se relever partiellement, mais Tamerlan la détruisit à son tour, en faisant presque autant de victimes que son prédécesseur.

C'est avec raison que le professeur Berg a pu écrire :

Il est vrai que l'on trouve de nos jours fréquemment, dans l'Asie centrale, au milieu des déserts, des ruines de villes, des restes de travaux d'irrigation comblés par le sable, qui témoignent d'une civilisation jadis florissante. Mais ces monuments ne prouvent absolument pas que les villes aient été abandonnées par suite de sécheresse croissante et de manque d'eau. Non, pas du tout ! Les causes en sont ici les guerres de longue durée dont l'Asie fut continuellement le théâtre. Dschingischken et Tamer-lan abattirent maintes villes sur leur passage ; parmi celles-ci, les unes furent réédifiées plus tard, les autres restèrent en ruines. Anéantir un établissement humain dans l'Asie centrale est sou-vent l'œuvre de quelques minutes ; il suffit que le réseau d'irriga-tion soit détruit pour que la ville soit irrémédiablement condamnée

à la ruine. Le sort de Boukhara est aujourd'hui entre les mains
de celui qui est maître des sources du Zerafschan; et pour maintenir le pays dans l'obéissance, la Russie n'a pas besoin d'entretenir des garnisons dans ces villes (1).

Depuis le XVIIIe siècle, il y a eu de nouvelles tentatives de
reconstruction de villes ou de bourgades, mais elles ont été
conduites sans méthode et avec des moyens tout à fait
insuffisants. Ici, d'ailleurs, la lutte parait devoir être entreprise dans des conditions plus difficiles que dans le Séistan
en raison de la grande salinité des eaux et du sol, phénomène dont, à part la question du manque d'écoulement, la
cause n'est pas encore bien déterminée. Dans ces dernières
années, des progrès sensibles ont été réalisés dans plusieurs
districts, notamment au sud du bassin du Tarim, et il semble
bien que les résultats obtenus seront durables.

Pour la Chine, Biot a établi, d'après les annales anciennes
et modernes de l'empire des Célestes, qu'il n'y avait eu
aucun changement de climat depuis l'antiquité (2).

§ 2. — *L'Afrique.*

L'état désertique de vastes régions de l'Afrique, tant au
nord qu'au sud de l'équateur, existait déjà pendant la
préhistoire.

On ne peut dire que cet état se soit aggravé pendant les
temps historiques, si l'on tient compte de l'ensemble des
régions considérées. Ce n'est pas parce que les missions
françaises dans le Sahara ont constaté, au cours de ces
dernières années, une diminution du niveau et de l'étendue
du lac Tschad, qu'on peut conclure à un dessèchement con-

---

(1) L. BERG. *L'Asie centrale se dessèche-t-elle ?* (article cité).
(2) ED. BIOT, sinologue français, fils du réputé astronome. *Recherches sur la tempé-*
rature ancienne de la Chine. Paris, 1831.

tinu ou à une modification du climat. Les observations
nécessaires dans le Sahara et dans le Soudan méridional
manquent, ou sont insuffisantes, pour émettre un jugement
raisonné en réelle connaissance de cause.

Par contre, pour l'Egypte, de nombreuses autorités ont
pu affirmer, à la suite de consciencieuses études, que son
climat est inchangé depuis les temps historiques les plus
reculés, abstraction toujours faite des variations temporaires.
Arago, Duveyrier, Schweinfurt, Ascherson, Unger, Suess
concluent dans ce sens.

La flore égyptienne, les plantes cultivées, le système
d'agriculture étaient les mêmes il y a plus de 4 000 ans que
de nos jours. Schweinfurt rappelle qu'on trouva une cou-
ronne de fleurs de *Picris coronopaifolia* ([1]) sur la momie
d'une princesse de la XXIIe dynastie (1 000 ans avant l'ère
chrétienne); cette plante est toujours très répandue en
Egypte et caractérise le climat désertique ([2]).

L'une des merveilles de l'Egypte antique fut l'énorme
réservoir nommé « lac Moeris », creusé non loin du barrage
actuel d'Assouan. Il avait une étendue de 75 kilomètres et
les eaux qui y étaient amenées du Nil par un canal pendant
les crues, couvraient une superficie de 175 kilomètres carrés. Quand le niveau du Nil s'abaissait au delà de certaines
limites, de décembre ou janvier à mars ou avril, un autre
canal déversait l'eau du lac artificiel dans le fleuve. De
vastes étendues de pays pouvaient être irriguées régulièrement de la sorte et produisaient deux récoltes annuelles.

Il ne reste plus trace de ce travail colossal, qui coûta la
vie à plus de 150 000 esclaves et hommes libres; sa destruction est due, comme ailleurs, aux luttes des peuples et à
l'abandon dans lequel il fut laissé. Comme son ancien

---

(1) Plante de la famille des Composées, d'un genre voisin de notre salsifis.
(2) J. WALTHER. *Deaudation in der Wüste* (ABT. D. MATH. PHYS. KL. D. K. SAECHS.
GES. D. WISS. XVI, n. 3, p. 537-547, chap. : Die Beständigkeit des klimas in Aegypten.
(cité par L. Berg).

emplacement est occupé de nos jours par des habitations, il a fallu adopter un autre plan pour le barrage actuel établi à Assouan (¹).

Dans l'antiquité, on voulut aussi relier le Nil à la mer Rouge par un canal qui aurait servi à la navigation et, en même temps, aux besoins des irrigations. On ne put l'achever, à cause des sables, de la chaleur et de la sécheresse du climat; les travaux furent abandonnés après plusieurs années d'efforts, au cours desquelles plus de cent mille vies humaines furent sacrifiées.

Quand on parle des pyramides de l'Egypte, on ne cite généralement que les plus célèbres — une dizaine — dont le nom est connu de tous. Dans le nord du Soudan, on a trouvé les traces de plus de 400 constructions de l'espèce. Les ruines, ou les restes, de 200 de ces pyramides existent encore; leur structure dénote que le climat ne devait pas être plus humide jadis que de nos jours.

Toute l'Egypte doit d'ailleurs être considérée comme une région désertique, malgré la présence du Nil (²). Ce fleuve serait réduit à peu de chose s'il n'était alimenté par les eaux descendant des hauts plateaux et des montagnes de l'Abyssinie. Le volume d'eau qu'il roule, si l'on embrasse une assez longue suite d'années, n'a pas sensiblement varié depuis les temps les plus reculés (³).

On a aussi beaucoup parlé d'un abaissement du niveau des lacs de l'Afrique centrale. D'après l'ensemble des observations faites pour les lacs Victoria, Tanganyika,

---

(1) A. BOURQUIN. *Le Monde physique*, 2ᵉ édition, 1ʳᵉ partie consacrée à l'histoire de l'Astronomie, Bruxelles, 1907.

(2) GRUND. *Die Problems der Geormophologie am Rande von Trockengebiete*. (SITZUNGSBER. D. KAIS. AKAD. D. WISS. MATH-NATUR. KL. 1905 April-Wien.)

(3) En ce qui concerne le Nil, notamment, il serait intéressant de parler des travaux récents du « Survey Department » en Egypte, mais cela nous entraînerait trop loin. Ils prouvent que, si l'on néglige les variations annuelles comme il s'en produit presque partout, le Nil roule de nos jours le même volume d'eau que dans l'antiquité.

Nyassa, Albert-Edouard, — donc pour les plus importants lacs africains — on trouve des variations selon que les années sont plus ou moins pluvieuses, mais nulle part on ne constate une dessiccation réelle, continue. Souvent les données des explorateurs sont entachées d'erreurs, ou les observations sont de trop courte durée, faites dans des conditions peu satisfaisantes ou en se plaçant à un point de vue particulier; de là, des conclusions prématurées, démenties dans la suite.

Le nord de l'Afrique, à commencer de la Tunisie jusqu'au Maroc, n'a été partiellement fertilisé qu'après plusieurs siècles de labeur et de travaux hydrotechniques des Romains. Les Arabes laissèrent péricliter l'œuvre de leurs devanciers; ils sont cause de la situation actuelle du pays, laquelle s'est cependant améliorée, dans une certaine mesure, depuis l'occupation française. Aucun changement de climat n'est intervenu depuis l'antiquité.

§ 3. — *Australie.*

Nous n'avons pas eu le loisir de poursuivre bien loin nos recherches pour l'Australie. Néanmoins, là encore nous croyons pouvoir conclure de l'examen des documents consultés que l'on ne peut attribuer à une modification du climat, tout au moins depuis des milliers d'années, l'état désertique de vastes régions de ce continent.

Avant le quaternaire, une partie considérable de l'Australie était couverte de déserts de sable ou de pierres. Au cours des périodes antérieures, le climat et la morphologie de cette partie du monde ont subi plusieurs transformations. Des régions de l'Australie méridionale, par exemple le bassin du lac Eyre, naguère fertile, s'est transformé en désert privé d'eau. D'autres lacs se sont desséchés, ou l'eau est devenue saline au point de détruire la végétation. Tous ces changements sont antérieurs à l'époque présumée de l'apparition de l'homme (¹).

Si l'on a pu croire, dans ces derniers temps, à une aggravation des conditions d'existence dans quelques États, la cause n'en est pas due à une modification du climat. Cette aggravation est d'ailleurs loin d'être établie. On se trouve en présence de faits amenés par la situation du pays. Plus d'une fois, on a reculé devant les frais que nécessiteraient des travaux de forage pour atteindre les nappes aquifères souterraines qui, en de nombreuses places, sont abondantes.

Nous avons sous les yeux les relevés météorologiques d'un assez bon nombre de postes pour la période décennale 1887-1896; on ne peut nullement en tirer des conclusions défavorables.

A remarquer encore que le continent australien est totalement dépourvu de hautes montagnes, couvertes de neiges éternelles, qui constituent, ailleurs, de précieuses réserves d'alimentation; la plus haute cime n'atteint pas 2 000 mètres au-dessus du niveau de la mer. Il en résulte que le volume d'eau des rivières est très variable. A la suite de pluies continues abondantes, les cours d'eau sont parfois comparables à de puissants fleuves, mais, après des sécheresses prolongées, ils sont souvent réduits à un mince filet, qui va se perdre dans les sables, ou ils ne forment plus de loin en loin que des mares. Quelques-unes de ces rivières sont navigables à leur embouchure, mais aucune ne l'est à l'intérieur du pays.

§ 4. — *Amérique.*

Pour l'Amérique du Sud, on a parlé d'un abaissement de niveau des lacs Titicaca et Poopo (Pérou-Bolivie), qui se trouvent sur le haut plateau de la Cordillère des Andes,

---

(1) GREGORY, professeur de géologie à l'Université de Melbourne, actuellement à l'Université de Glasgow : *The dead heart of Australia.* Londres 1906.

respectivement à une altitude d'environ 3 800 et 3 700 mètres. A notre connaissance, il n'existe pas de séries d'observations météorologiques permettant, même pour les temps actuels, de se rendre compte d'un changement de climat. Une modification du niveau de ces deux lacs a été attribuée à des mouvements tectoniques du sol. Dans de nombreuses régions de l'Amérique, aussi bien au nord qu'au sud, on a constaté une surrection de parties de la croûte terrestre; sur les côtes de l'Alaska elle a atteint plusieurs mètres en peu d'années.

Quoi qu'il en soit, les données précises manquent.

Nous possédons des éléments plus sérieux, se rapportant à la période moderne, pour l'Amérique du Nord, et surtout pour les États-Unis.

Dans l'excellent article, marqué au coin du bon sens, que le professeur Ward a consacré aux prétendus changements de climat, il cite une série de faits que nous résumons; nous reproduisons aussi ci-après, des extraits de cet article. On n'a constaté aucun abaissement du niveau des grands lacs du nord des États-Unis et du Canada; les différences de niveau relevées dans quelques cas proviennent tout simplement d'emprunts plus nombreux pour le service des irrigations.

« Il y a une vingtaine d'années, Schott fit pour les États-Unis une étude consciencieuse de toutes les vieilles observations de la température et de la pluie et de la neige tombées, du Maine jusqu'à la Californie; il ne trouva aucun indice permettant de croire à un changement continu dans l'un ou l'autre sens. Il constata de légères variations de température, se produisant avec les mêmes caractères et avec une grande uniformité sur de grandes étendues de pays. Ce sont comme des vagues irrégulières, une période légèrement plus chaude succédant à une période légèrement plus froide; mais les écarts ne sont que d'un ou deux degrés au-dessus ou au-dessous de la moyenne. Il est évident que de si faibles différences n'ont aucun intérêt, soit général, soit pratique; en tout cas, ces oscillations ne décèlent aucune progression vers un climat plus chaud ou plus froid. Schott constata que ces vagues de température plus haute et de température plus basse se succédaient à des intervalles d'environ vingt-deux ans sur la côte de l'Atlantique, et d'environ sept ans dans l'intérieur du pays. Les observations sur l'embâcle des rivières, de l'Hudson par exemple, avec interruption de la navigation, n'indiquent aucun changement dans les dates depuis une centaine d'années. »

« On a très bien montré que si, pour une région des Etats-Unis occupée depuis les premiers temps de la colonisation, on avait une liste exacte des fortes bourrasques de neige, des sécheresses, des inondations, des froids intenses, des hivers doux, des pluies abondantes, et des autres événements météorologiques du même genre, depuis l'époque des premiers établissements jusqu'aujourd'hui, nous pourrions constater ceci : si nous divisons cette liste en deux parties contenant le même nombre d'années, d'une manière générale, à chaque hiver doux de la première moitié correspondrait un hiver doux dans la seconde ; pour chaque sécheresse prolongée dans l'une, il y aurait une sécheresse semblable dans l'autre moitié ; pour chaque hiver « comme dans l'ancien temps » du premier groupe, il y aurait un hiver « comme dans l'ancien temps » dans le second, et ainsi de suite. En d'autres termes, le temps et le climat n'ont pas changé depuis l'époque où les premiers émigrants débarquèrent sur les côtes inhospitalières de la Nouvelle-Angleterre (1). »

§ 5. — *Europe*.

Nous devons nous occuper d'abord des prétendues observations de phénomènes naturels depuis le commencement des temps historiques, à défaut de *mesures* météorologiques antérieures au XVIIIe siècle.

Ils sont de divers ordres : avancement ou recul des glaciers, niveau des lacs et des mers, débit ou niveau des cours d'eau, culture ou récolte de la vigne, des céréales et d'autres produits de la terre selon les lieux et les époques, etc.

Pas plus pour l'Europe que pour les autres parties de notre globe, on ne peut conclure à un desséchement provoqué par une modification continue, tangible des conditions météorologiques ou du climat.

Comme l'on doit s'y attendre, on se trouve ici en présence de recherches nombreuses et considérables; des travaux remontent à la Grèce antique. Outre la conclusion générale que nous venons d'énoncer, il s'en dégage cette impression que, presque toujours, l'un ou l'autre facteur important a été négligé ou méconnu. A vrai dire, l'on ne s'est rendu compte de la complexité extrême et des multiples aspects du problème que depuis un petit nombre d'années.

Glaciers. Une variation sensible de la température et une diminution de la valeur des précipitations —eau ou neige, — doivent amener un recul *marqué et continu* des glaciers. Or, les faits relevés depuis plus de deux mille ans infirment pareille hypothèse. Heim a établi qu'au moyen âge les glaciers des Alpes occupaient une étendue beaucoup moindre que pendant la seconde moitié du XIXe siècle, pendant laquelle il y a cependant recul.

« Déjà Polybe (IIe siècle environ avant J.-C.) parle de la richesse des mines d'or et d'argent dans le haut Tauern (Tyrol-Carinthie). Au moyen âge ces mines étaient encore prospères; cela dura jusqu'au milieu du XVIe siècle. La production diminua rapidement alors, parce que les ouvertures des puits supérieurs se glacifièrent. Une exploitation commencée au milieu du XVIe siècle était recouverte en 1570 d'un glacier de 20 mètres de hauteur. Bientôt on ne put plus lutter contre l'envahissement de la glace; au XVIIIe siècle, le glacier avait bien 100 mètres de hauteur et en l'année 1875, son volume avait encore augmenté de 40 mètres (1). » Hesz

---

(1) Heim, *Handbuch der Gletscherkunde*, pp. 312-316. Stuttgart 1885.

arrive à la même conclusion, après avoir examiné les plus récentes contributions à la science glaciologique ([1]). Mais, comme le dit Forel dans le rapport auquel nous nous sommes référé (chap. VII), faute de connaître l'étiage des glaciers, leurs crues ou décrues doivent plutôt être considérées, dans l'état actuel de la question, comme des accidents sans grande signification au point de vue météorologique ou climatique.

Niveau des mers et des lacs. — On a cru que le niveau de certaines mers, ou bras de mer, baignant les côtes de l'Europe, s'était abaissé, tandis qu'il s'était relevé pour d'autres. Un examen plus attentif a prouvé que ces variations de niveau étaient dues à des mouvements du sol.

Pour les lacs, aucun fait précis n'est établi.

Niveau et volume des cours d'eau. — Des modifications ont été observées dans quelques cas, mais on peut affirmer, avec une absolue certitude, qu'elles ne sont pas attribuables à des phénomènes météorologiques ou climatiques. Diverses causes interviennent : dépôts d'alluvions, creusement ou approfondissement du lit par le cours d'eau même dans un sol calcaire, peu résistant ou perméable, travaux hydrotechniques, etc. Une science nouvelle, la spéléologie, a révélé des faits insoupçonnés jadis, qui jettent un nouveau jour sur la question. Nous en parlerons plus loin.

Culture ou récolte de la vigne, des céréales et d'autres produits de la terre. — Ici, l'imagination, la fable, la tradition, le souvenir ou les impressions non contrôlées ont eu beau jeu; des recherches laborieuses ont souvent été nécessaires, pour remettre les choses au point.

On a affirmé longtemps que la côte occidentale du Groen-

---

[1] HESS. *Die Gletscher*, p. 382. Brunswick 1901.

land n'avait pas toujours été inhospitalière, grâce à un climat plus favorable jadis, d'où le nom donné au pays. Il a fallu les travaux historiques de Rink et de von Maurer, pour établir que la disparition des établissements qui avaient été fondés par les Norvégiens est due exclusivement à l'introduction d'une maladie contagieuse et à une politique économique maladroite du gouvernement norvégien qui provoqua l'hostilité et les attaques des Esquimaux. Des données aussi fausses ont été répandues pour l'Islande.

Le froment était cultivé naguère beaucoup plus au Nord dans les Iles Britanniques que maintenant, tout simplement parce que cette culture était alors rémunératrice. Elle diminua lorsque l'importation des blés étrangers amena la baisse des prix. Néanmoins mainte lutte dut être soutenue pour faire admettre cette vérité élémentaire; la croyance à un changement de saisons ou du temps a été pendant longtemps plus forte que l'évidence. Même fait en Belgique et dans d'autres contrées où la culture des terres s'est transformée presque radicalement sous l'empire des lois économiques, d'une meilleure appropriation du sol ou d'une sélection plus intelligente des produits à cultiver.

Au moyen âge, et jusque vers le XVe siècle, la vigne était cultivée en Bavière et dans d'autres régions de la Germanie ainsi qu'en Belgique; elle y a presque totalement disparu de nos jours. Encore une fois, la météorologie ou le climat n'ont rien à voir dans le changement intervenu. Le vin récolté était, en général, de médiocre qualité et le goût s'étant affiné, on lui préféra les vins étrangers ou la bonne bière qu'on apprit à brasser.

En Belgique, les vignobles mosans existent toujours. Beaucoup de personnes ignorent, sans doute, qu'on cultive encore la vigne en deux endroits de la Campine (aux abbayes d'Averbode et de Tongerloo); le vin obtenu sert pour la célébration de la messe.

Pour la France, Angot a prouvé que, dans l'ensemble,

l'époque des vendanges ne s'était pas modifié depuis le XIVe siècle jusqu'à nos jours.

Les travaux de Dufour établissent également que, contrairement à la croyance générale, l'olivier n'a été cultivé en Suisse que dans les jardins, et encore s'agit-il de quelques arbustes seulement, qui ont péri faute de soins. Quant à tous les autres produits végétaux, la situation n'a pas varié.

Ces quelques exemples nous paraissent suffire.

Voyons maintenant ce que nous apprennent les *mesures* météorologiques effectuées depuis le XVIIIe siècle.

La comparaison des relevés pluviométriques dressés par Gessner à Zürich de 1740 à 1746, avec ceux tenus ultérieurement, a permis d'établir que, depuis une centaine d'années, la valeur moyenne des précipitations ne s'est pas modifiée.

On possède une série d'observations thermométriques effectuées pendant quatre-vingt-quatorze ans en Écosse; aucune modification sensible de la moyenne de la température de l'hiver, ou de l'été, n'a été constatée. Même résultat fourni par une série de soixante-dix années d'observations thermométriques faites à Berlin, à partir de 1770. Nous avons déjà cité la série de cent vingt années d'observations de Saint-Pétersbourg. Mais la plus longue série de ce genre est celle établie par Rizzo pour Turin; elle s'étend sur cent cinquante ans (¹). Toutes ces *mesures* établissent, de façon indiscutable, que les conditions météorologiques ne se sont pas modifiées, dans l'ensemble, d'une façon appréciable, et l'on peut appliquer à l'Europe, comme aux autres parties du monde, ce que Schott a dit des États-Unis de l'Amérique du Nord.

Le professeur Brückner a tracé une série de diagrammes, d'après toutes les observations connues sur le globe entier, depuis 1791 jusqu'à 1881, par périodes quinquennales. Ils

---

(1) GÜNTHER, *Handbuch der Geophysik*, 2e partie, chapitre IX. Stuttgart 1903.

sont frappants. L'un d'eux résume, pour cette longue suite
d'années, les variations de la température en centigrades,
de la pression atmosphérique en millimètres, et de la valeur
des précipitations. Le parallélisme entre ces trois données
importantes de la météorologie est complet. On voit, d'un
coup d'œil, que pendant ces quatre-vingt-dix années il y a
eu des fluctuations ou des oscillations, comme on les a constatées partout et de tout temps, avec des variantes dans un
sens ou dans l'autre, mais rien, absolument rien, ne permet
d'en tirer cette conclusion que les conditions météorologiques ou le climat se soient réellement modifiés (1).

(1) BRÜCKNER. *Klimaschwankungen seit 1700, nebst Bemerkungen über die Klimaschwankungen der Diluvialzeit.* Vienne-Olmütz 1890.

LES DERNIÈRES CONSTATATIONS EN ASIE CENTRALE AU POINT DE VUE DE LA VALEUR DES PRÉCIPITATIONS.

Revenons à l'Asie centrale, qui a surtout servi de thème aux auteurs qui ont parlé du desséchement du globe. A les entendre, la situation ne cessait de s'aggraver, les précipitations étant moins abondantes depuis une cinquantaine d'années.

Le travail du professeur Berg, que nous avons déjà mentionné, fournit à ce sujet des données d'un haut intérêt que nous reproduisons ci-après :

..., En ce qui concerne le moment présent, les cours d'eau d'une portion importante de toute l'Asie occidentale se trouvent précisément aujourd'hui en état d'accroissement.

Ce fait, je l'ai observé sur une vaste échelle aux bords du lac Aral lors de mon voyage en 1899 (1). Déjà auparavant, en 1898, Ignatow et moi avons constaté l'accroissement des lacs Kysyl-Kak, Teke et Dengis dans le gouvernement d'Omsk (2); et en 1899 P. G. Ignatow remarqua l'augmentation des lacs Tenis et Kurgaldshin dans le gouvernement d'Atbassansk.

En 1901 je pus, grâce à un nivellement, fixer l'accroissement du lac Aral à 1m21 (3). L'élévation du niveau de ce lac commerça au milieu de l'année 1880. Depuis lors, j'ai réussi à constater un accroissement important (4) du Bal-

(1) IZVÉSTIA, *Bull. Soc. russe géog.*, section Turkestan, 1900.

(2) BERG i IGNATOW, *Sur les oscillations du niveau des lacs de l'Asie centrale et de la Sibérie occidenta'e* (en russe). (BULL. SOC. RUSSE GÉOG., 1900. Voir aussi BULL., 1901, section Sibérie occ.]

(3) BERG, *Matériaux pour l'étude de l'hydrologie du lac Aral* (en russe). (BULL. SOC. RUSSE GÉOG., 1902.]

(4) BERG, *Voyage au lac Balkash en 1903* (en russe). (BULL. SOC. RUSSE GÉOG., 1904.]

kasch, lequel avait commencé vers 1830 de même que, depuis 1900, pour l'Issyk-kul ([1]). En même temps j'ai insisté sur le fait que le lac Aschtschi-kul, situé sur le cours inférieur du Tschu, qui était absolument à sec en 1888 lors du voyage de J. A. Schmidt, s'était à nouveau, récemment rempli d'eau ([2]).

Mêmes constatations de divers voyageurs pour le lac Saisan, dont les riverains ont dû émigrer par suite de l'envahissement des eaux ([3]); pour le lac Tschatyr-kul, situé au centre des monts Tian-Shan; pour le marais de Borly-kak, transformé en un grand lac ayant de 12 à 15 kilomètres de largeur; pour le marais de Kenj-tatr et le lac Jelykpaj, de formation récente.

Les lacs Ala-Kul et Sassyk-Kul se sont aussi notablement étendus. Toute la région située à quelque distance du lac Balkash, qui comprend le bassin naguère desséché du lac Tschany, s'est aussi transformée. Ce dernier, ainsi que les lacs Bolschoje Topoljnoje Kulundy et Kamyschnoje, à sec pendant plusieurs années, sont actuellement remplis d'eau. Pour le Tschany il semble y avoir des alternances de sécheresse et d'humidité.

D'après Krasnopolskij, qui travailla sur les lieux en 1896 et 1897, tous les lacs situés le long du chemin de fer de la Sibérie occidentale se desséchèrent de 1860 à 1880, alors que de 1854 à 1860 et de 1883 à 1886 leur niveau s'était élevé.

Kaufman signale des faits analogues dans le nord de la Sibérie, gouvernement de Tobolsk. Le niveau de l'eau des lacs et des marais s'éleva à partir de 1855 pour atteindre son maximum de 1858 à 1860, puis il s'abaissa, jusqu'en 1884, tout en restant supérieur à ce qu'il était en 1850. A partir de 1884 nouvelle élévation de niveau qui se continuait au moment de son travail (1888).

---

(1) BERG, *Le lac Issyk-kul.* (In ZEMLEVĔDĔNIE, 1911.)
(2) SAPOSHNIKOW, *Esquisse du Semirjetscha* (en russe). (Tomsk, 1911.)
(3) STADELNIKOW, *Voyage au lac Saisan et au mont Mus-Tau.* (Soc. GÉOG. RUSSE, section Sibérie occ., 1901.)

De nombreux villages, qui s'étaient formés aux bords ou sur l'emplacement de lacs desséchés, pendant un certain temps, durent être abandonnés et disparurent sous les eaux [1].

Les fleuves ou rivières Ili, Tschu, Syr-Darja, Serafschan, Amu-Darja, comme aussi le Tedschen et le Murgab, grossirent considérablement dans ces dernières années [2].

Divers auteurs signalent une progression des glaciers des monts Tian-Shan et d'autres montagnes de l'Asie centrale. Des retraits sont cependant signalés sur quelques massifs de ces contrées.

Merzbacher a aussi constaté que les précipitations — eau ou neige —, avaient été excessivement abondantes pendant ces dernières années, dans toute la région des monts Tian-Shan [3].

Ainsi, loin de diminuer, la valeur des précipitations a, au contraire, augmenté de façon notable depuis plusieurs années.

Le mémoire de M. le professeur Berg ayant été publié en 1905, et celui de M. de Ficker sur la météorologie du Turkestan occidental, auquel nous nous sommes référé (chapitre V), embrassant la période 1894-1903, nous avons cherché à compléter ces données en puisant aux sources originales.

Nous reproduisons ci-après les valeurs des précipitations, en millimètres, relevées dans les postes météorologiques du

---

[1] Nous avons résumé la partie du mémoire de BERG qui parle des travaux de BOGDANOW, *Le lac de Tschatyr-kul* (en russe). (BULL. SOC. RUSSE GÉOG., 1900); de TANFILIEW, *Les steppes de Baraba et de Kulundis, sur les frontières du district de l'Altaï* (en russe). (In TRUDY, de la section géol. du cabinet de l'Empereur, 1902); de KRASNOPOLSKII, *Recherches géologiques le long du chemin de fer de la Sibérie occidentale* (en russe), 1890; de KAUFMAN, *La situation économique des paysans de l'Empire dans le gouvernement de Tobolsk*, (en russe). (St-Pétersbourg, 1899.)

[2] BERG, mémoire cité.

[3] MERZBACHER, *Forschungen im Tian-Shan*. (SITZUNGBER. D. MATH. PHYS. KL. BAYER. AKAD. D. WISS, 1904.)

Turkestan occidental pendant les années 1906, 1907 et 1908, telles que M. le directeur de l'observatoire astronomique et physique de Taschkent et M. le directeur de l'observatoire physique central Nicolas à Saint-Pétersbourg ont bien voulu nous les communiquer, à notre demande [1].

Valeur des précipitations, pluie et neige, en millimètres.

NOMS DES STATIONS MÉTÉOROLOGIQUES.	1906.	1907.	1908.	
Kasalinsk	147,8	120,7	107,3	
Perovsk	109,1	manque [1]	65,1	[1] 9 mois d'observations seulement.
Petro-Alexandrowsk	90,5	88,0	59,4	
Turkestan. . . .	184,0	176,5	167,7	
Kerki	172,2	251,6	177,7	
Termez. . . .	239,9	129,2	125,4	
Chodschent . .	123,5	103,1	172,3	
Dschisak . . .	486,2	430,0	556,0	
Kouchka . . .	178,0	manque	manque	
Taschkent. . .	317,2	385,4	423,0	
Margelan . . .	156,8	216,9	252,1	
Aulie-Ata . . .	223,3	332,6	418,7	
Samarkand . .	302,3	494,9	438,9	
Prschewalsk . .	manque	manque	501,4	
Narynsk . . .	manque	manque	255,3	
Khorog . . .	manque [1]	150,0	202,8	[1] 5 mois d'observations seulement.
Irkeschtam . .	132,5	99,8	66,8	
Pamirski-Post . .	25,9	63,3	manque	
Och.	447,1	369,8	manque	
Vernyï. . . .	manque	manque	702,8	

Si l'on compare ces nombres à ceux indiqués d'après le mémoire de M. de Ficker (chapitre V § Précipitations) on voit qu'il y a, au total, augmentation de la valeur des précipitations. Ces renseignements confirment les données de M. Berg et des autres savants dont nous avons résumé les travaux dans le présent chapitre.

[1] Nous adressons nos plus vifs remerciements à M. le directeur Damidow et à son aide M. Goutija-II, de l'Observatoire astronomique et physique de Taschkent, qui ont fourni la majeure partie des données figurant au tableau, et à M. le vice-directeur Steiling, de l'Observatoire physique central Nicolas à St-Pétersbourg, qui a complété les données de trois stations, pour l'empressement et le soin qu'ils ont mis à répondre à notre demande.

Conclusions générales.

Le climat s'est modifié au cours des temps géologiques, parmi lesquels nous comprenons le début de la période pendant laquelle nous vivons.

Ensuite de ces modifications, ou des révolutions géologiques qui ont certainement contribué à les provoquer, — si même ces révolutions n'en sont pas seules cause —, des déserts se sont formés en plusieurs contrées. Passarge a établi que le désert de Kalahari, en Afrique, remonte à la fin de la période secondaire. Toutes nos citations démontrent également l'existence des déserts de l'Asie centrale à une époque très reculée indéterminée jusque maintenant, mais antérieure, semble-t-il, à l'apparition de l'homme.

Le desséchement de vastes espaces qui s'est produit après la période glaciaire, était terminé, dans son ensemble, bien avant l'aurore de l'histoire. L'étude du terrain occupé pendant cette période par la mer Caspienne et le lac Aral, entre autres, en fournissent des preuves; mais ce ne sont pas les seules. En même temps, on s'est rendu compte que ni l'Aral, ni le lac Balkash ne s'étaient jamais étendus aussi loin que Kropotkin l'avait cru.

On a fréquemment cité la mer Caspienne comme prototype des mers intérieures et des lacs de l'Europe et de l'Asie réduits, depuis l'ère historique, prétendait-on, par suite de desséchement. Or, d'après Brückner et d'autres chercheurs, le niveau de la mer Caspienne était inférieur de 5 mètres, au XIIe siècle, à ce qu'il est de nos jours. Nous avons montré aussi, d'après les travaux de Berg et de nombreux géologues, ce qu'il fallait penser de la soi-disant dessiccation des lacs, y compris l'Aral et le Balkash, les deux plus grandes nappes d'eau de l'Asie centrale proprement dite.

Nous ne reviendrons pas sur la question des glaciers; Heim, Hesz et Forel ont fait voir qu'on ne peut tirer de déduction sérieuse de leur accroissement ou de leur recul, pendant la période historique.

Un examen approfondi nous mène donc à des conclusions qui ne cadrent pas avec l'idée d'un desséchement *rapide et très marqué*, du globe terrestre depuis deux mille ans.

Sous l'empire des impressions produites par le spectacle qu'offrent maintenant certaines régions désolées, on y a vu la preuve manifeste des effets de ce desséchement. On a jugé trop vite, un peu en gros, pourrait-on dire, avant d'avoir la compréhension nette des multiples aspects du problème, et en accolant souvent des choses disparates.

Certes, il existe une cause permanente de desséchement, — dont nous parlerons dans un instant —, mais ses conséquences ne nous paraissent pas avoir la portée que quelques-uns veulent lui attribuer.

Nous ne nous étonnons pas trop, lorsque nous lisons dans un ouvrage récent de l'apôtre actuel de la spéléologie : « Pour moi, et contre toutes opinions contraires, je confirme que l'homme assiste, rien que depuis la période historique, à une accélération du desséchement de la Terre : la disparition ou la diminution des grands lacs dans l'Asie centrale et même de l'Afrique, l'ensablement et la désolation des régions où fleurirent jadis les grands empires de Tello, Babylone, Ninive, Persépolis, Thèbes même, la diminution des sources universellement constatée, la nécessité de recreuser les puits en tous pays, pourraient remplir, si on en relevait avec soin tous les indices, des volumes de preuves, à l'appui de la rapidité très discernable du desséchement de la périphérie terrestre (¹)... »

---

(1) E.-A. MARTEL, *L'évolution souterraine*. Paris, 1908. Nous applaudissons de tout cœur aux recherches de l'auteur, qu'il expose d'une façon très intéressante, mais nous ne pouvons nous rallier à ses conclusions générales. Celles-ci ne nous paraissent pas assez tenir compte des travaux spéciaux publiés en Allemagne, en Angleterre, en Russie, — pour ne citer que ces trois pays — au sujet du problème du desséchement de la Terre et des questions connexes.

Les études et les longues recherches faites sur place, dont
nous avons rendu compte, ne nous permettent pas d'admettre pareille conclusion. La disparition ou la diminution
des grands lacs de l'Asie centrale et de l'Afrique, depuis la
période historique, est contestée, sinon absolument démen-
tie. L'ensablement et la désolation des régions où fleurirent
jadis les grands empires de Tello, Babylone, Ninive, Persépolis et Thèbes sont dues, *avant tout, à l'imprévoyance ou
aux fautes des hommes, et à des événements politiques ou économiques, plutôt qu'à des phénomènes naturels.*

Ces empires ne se sont élevés, malgré les conditions plutôt contraires du climat et du sol, que grâce aux mesures
énergiques prises par les autorités de l'époque, et à un con-
cours de circonstances favorables, qui ont partiellement ou
totalement disparu dans la suite. La ruine et la désolation
ont commencé et se sont accélérées, à mesure que cet état
de choses se modifiait dans un sens régressif, pour finir par
péricliter complètement. C'est là l'aboutissement naturel,
logique, inéluctable; il ne saurait y en avoir d'autre, surtout
dans les régions où ces civilisations ont vu le jour. *Aucun
changement climatologique ou météorologique n'y a contribué, et
ne s'y est d'ailleurs manifesté.*

Il en a été ainsi en Palestine, en Chaldée, en Assyrie, en
Élam, dans le Seistan, en Perse, en Asie centrale, en Egypte,
dans le nord de l'Afrique, dans toutes les contrées, enfin, à
morphologie désertique, et dont le climat est continental
ou à variations de température extrêmes, à précipitations
— eau ou neige — peu abondantes, à végétation pauvre.
La prospérité est revenue lorsque, comme en Egypte,
depuis l'occupation anglaise, un pouvoir fort et régulier a su
prendre et maintenir les mesures intelligentes que les circonstances, d'ordre naturel et économique, comman-
daient.

Tout tend à établir que, depuis le début des civilisations,
aucune variation de climat, affectant de grandes étendues,

ne s'est produite *de façon continue*. Il y a eu, partout, des *oscillations* de certaine durée, en corrélation probable avec les phénomènes solaires, mais nulle part elles n'ont exercé une influence durable. Ces oscillations se sont manifestées à des intervalles plus ou moins longs, elles se font sentir tantôt dans un sens, tantôt dans l'autre, produisant une élévation ou un abaissement de la température, une diminution ou un accroissement de la valeur des précipitations, d'où des alternatives de sécheresse ou d'humidité ; rien de plus. Ces alternances ont une durée relativement minime ; elles sont, dans l'ensemble, trop peu importantes pour pouvoir amener une modification profonde du climat d'une contrée. Comme l'a écrit le professeur Ward « le climat n'est pas une *constante*. C'est comme un pendule qui balance vers la droite, puis vers la gauche ; et il va aussi loin à droite qu'à gauche. Chaque génération vit pendant une partie d'une, de deux, de trois oscillations. Un coup d'œil jeté pendant une oscillation fait croire qu'elle est destinée à se prolonger continuellement dans le même sens ». De là l'erreur commune.

Il existe cependant des causes secondaires de desséchement de la croûte terrestre.

Des cours d'eau creusent toujours plus profondément leur lit, surtout quand la roche est peu dure ; le drainage des eaux de leur bassin s'accentue de la sorte.

Mais, par contre, il y a aussi surélévation du lit de fleuves ou de rivières très importantes, par suite de dépôts considérables d'alluvions. L'Italie en offre des exemples bien connus. Le même fait se constate, sur une bien plus grande échelle, dans d'autres contrées du globe. Tel est le cas pour le Nil, en Egypte, pour l'Euphrate et le Tigre, en Mésopotamie, pour le fleuve Helmand et le grand lac migrateur Hamun dans le Seistan, et le lac Lob Nor en Asie centrale. Remarquons que tous ces cours ou nappes d'eau, — à pro-

pos desquels on ne peut invoquer un drainage plus considérable des eaux de leur bassin puisque leur lit s'élève au lieu
de s'abaisser, — arrosent précisément les pays où les
anciennes civilisations ont disparu sous le sable ou le limon.
A cette liste, on peut ajouter les grands fleuves de l'Inde, de
la Chine, de l'Amérique du Nord et du Sud. Ce sont les
dépôts d'alluvions qui ont amené la jonction de l'Euphrate
et du Tigre et qui ont reculé l'embouchure de ces deux
fleuves, en gagnant plus de cent kilomètres sur le golfe
Persique. Nous nous en tenons aux cours d'eau dont il a
surtout été question dans notre mémoire.

Dans les régions calcaires, notamment, la corrosion ou
l'érosion des roches par les eaux souterraines se produit
avec plus ou moins d'intensité. Celles-ci descendent toujours
davantage et leur réapparition, — leur résurgence pour
employer le terme consacré, — diminue à en juger d'après
les constatations faites par M. Martel et ses émules. Enfin,
en raison de la pesanteur, l'eau qui pénètre dans le sol plus
ou moins perméable, en certaines régions, se perd partiellement dans les abimes et n'est plus recouvrée ; donc un
nouveau déchet.

Mais que représentent ces pertes lorsqu'on les compare à
l'énorme volume des eaux de surface, pour lesquelles aucune
diminution sensible n'a été constatée ? Négligeant l'évaporation, car rien ne prouve que, au total, elle ne soit
pas compensée par les précipitations, ce sont les seules
causes de dessiccation dont il y ait à tenir compte depuis
des milliers d'années, c'est-à-dire, bien avant l'aurore des
premières civilisations.

Aussi, nous nous rangeons à l'opinion du distingué
géologue français De Launay qui, d'accord avec un grand
nombre de savants et de chercheurs, estime que la diminution de l'eau superficielle du globe terrestre est inappréciable
pour la durée des temps historiques. Le desséchement pro-

gressif de la périphérie terrestre se réduit ainsi, au point de vue de ses conséquences, même dans un avenir très éloigné, à une question plutôt théorique. Il n'a, en rien, provoqué la ruine des civilisations antiques, ni les maux qui lui ont été attribués.

Pour remédier aux conséquences des fautes commises par l'homme qui, en de nombreuses contrées, a méconnu les lois naturelles et a ainsi provoqué les désastres dont il a été victime, on a beaucoup préconisé le reboisement.

Cette question a été traitée à la réunion de l'Association internationale permanente des Congrès de navigation, tenue à Milan en 1905.

Jusqu'alors, on considérait généralement comme un dogme scientifique, l'influence bienfaisante des forêts, considérées comme régulateurs de l'écoulement des eaux pluviales. On leur attribuait le pouvoir de retenir ces eaux, quelque abondantes qu'elles fussent, et de ne les laisser écouler que progressivement évitant ainsi les crues subites des fleuves et des rivières, et les inondations.

Les rapports lus à ce congrès démontrent que, comme dans la question du desséchement du globe, l'étude serrée des faits est venue singulièrement entamer les jugements émis surtout d'après des impressions insuffisamment contrôlées.

D'après MM. Keller, Lauda, Ponti et Wolfschütz, rapporteurs, l'influence de la forêt pour prévenir les inondations est nulle, ou presque négligeable. Ces débordements surviennent après des précipitations extrêmement abondantes et persistantes. Les forêts sont saturées après les averses préliminaires, si bien qu'ensuite elles laissent écouler les eaux qui surviennent encore, absolument comme si le pays n'était pas boisé (¹).

---

(1) Association internationale permanente des Congrès de navigation. Xᵉ Congrès, Milan, 1905.

1ʳᵉ section : Navigation intérieure ; 2ᵉ question : *Influence de la destruction des forêts et du desséchement des marais sur le régime et le débit des rivières*. Rapport de

M. Wolfschütz dit : « Lors de tels événements météorologiques, l'efficacité de la puissance rétentionnelle de la forêt fait complètement défaut. »

A l'appui, il cite une série d'observations et de recherches qui méritent de fixer l'attention. En 1882, la crue du Rhin a été provoquée principalement par les eaux des bassins les plus boisés, la Forêt-Noire, le Hardt, le Spessart, les Fichtelgebirge et l'Ostenwald. En 1887, crues désastreuses dans le bassin très boisé des sources de l'Elbe, et, en 1897 et en 1899, dans les vallées boisées de l'Enns et de la Traun. En 1888, en 1897 et en 1903 les nombreuses forêts des monts des Géants n'ont exercé aucune influence appréciable sur les crues des cours d'eau de la région, provoquées par des pluies torrentielles.

Il y a quelques années, on proposa d'augmenter la partie boisée du bassin de la Marche (Moravie), en vue de régulariser le cours de cette rivière. En reboisant les montagnes, aux altitudes comprises entre 300 et 1200 mètres, l'étendue des forêts aurait été accrue de 29 à 38 p. c. dans certaines régions, et de 50 p. c. dans d'autres, de la surface totale du bassin. M. Wolfschütz a calculé que cette mesure aurait eu pour résultat de retenir 9 p. c. seulement des eaux de crue, et encore fallait-il admettre, pour obtenir ces 9 p. c., que les terrains forestiers retinssent un volume d'eau quatre fois plus grand que les surfaces non boisées, hypothèse qui, en fait, ne se réalise pas.

M. Lauda a procédé à une série d'observations sur la Bistrizka et la Senitza, en Moravie, qui, au point de vue de la perméabilité et du relief du sol, se trouvent dans des conditions identiques. Par contre, les forêts couvrent

---

M. Keller, conseiller privé de l'Intendance des bâtiments; rapport de M. Ponti, ingénieur en chef du génie civil, en Italie ; rapport de M. Wolfschütz, conseiller agricole en Autriche; rapport de M. Lauda, ingénieur, conseiller supérieur au Ministère de l'intérieur, directeur du bureau central d'hydrographie de l'Autriche, à Vienne ; rapport général de M. Cippoletti, ingénieur : *De l'Influence de la forêt sur le régime des cours d'eau.* Bruxelles, 1905.

respectivement 48 p. c. et 27 p. c. de la surface du bassin de chacune de ces rivières.

Pendant deux années consécutives, il a relevé journellement la valeur des précipitations et des écoulements dans ces deux bassins, ce qui lui a permis d'obtenir des données comparatives. Voici ses conclusions : « Pour des averses dont l'importance dépasse certaines limites — ainsi par exemple en temps de crue, — la rétention (des eaux par le sol) devient moins intense dans le bassin le plus boisé que dans le bassin le moins riche en terrains forestiers, c'est-à-dire que dans ce cas, après obtention d'un certain degré de saturation, le surplus d'eau que retenait précédemment la forêt se dégage d'une façon plus sensible... »

« Les conclusions qui précèdent concordent entièrement avec les résultats que le bureau hydrographique central (à Vienne), qui se trouve sous ma direction, a obtenu en examinant la question de l'influence de la forêt sur la formation et le régime des hautes eaux d'inondation. Ces résultats sont en opposition avec le fait considéré d'ancienne date comme réel, que la forêt exerce en toutes circonstances une influence favorable sur la modération et sur la production même des eaux de crue, et que les déboisements aient une influence analogue sur la production des eaux d'inondation ou sur la rapidité avec laquelle celles-ci se succèdent. »

M. Ponti, en se basant sur les faits relevés dans le bassin de l'Adige, émet un avis analogue.

D'après l'ensemble des travaux de ces hydrauliciens, les forêts n'ont pas la propriété d'atténuer les grandes crues des cours d'eau, mais ils sont d'accord pour admettre qu'en temps normal les surfaces boisées exercent une influence favorable sur les écoulements superficiels, mais cette influence ne se fait sentir que dans une certaine mesure. Il y a, enfin, à tenir compte, selon M. Ponti, de la nature géologique des terrains.

D'autres congressistes ont soutenu « que les massifs boisés

contribuent à atténuer les dangers de crue », mais ils se sont bornés à cette affirmation générale sans l'appuyer de faits probants, ni sans pouvoir combattre les observations précises de leurs collègues.

Ceux-ci ont aussi fait remarquer qu'il y avait eu de grandes inondations alors que le déboisement sur de vastes étendues, n'avait pas encore commencé, du moins en Europe. Il en a été ainsi, aussi bien pendant l'époque romaine, que pendant le moyen âge.

Au point de vue de l'action utile de la forêt sur le régime des sources, M. Wolfschütz estime que « l'hypothèse que les forêts collectent *en tout temps et en toutes circonstances* plus abondamment les eaux souterraines et pourvoient à une plus puissante alimentation des sources que les terrains non boisés, n'est pas fondée ».

Pour M. Keller ce régime est uniquement sous la dépendance des variations climatiques, qui se manifestent par cycles. D'après lui, en plaine, les bois sont plutôt nuisibles à l'alimentation des eaux souterraines; ils n'exercent une certaine influence que dans les régions montagneuses.

Ainsi, d'après les hydrauliciens, l'efficacité rétentionnelle de la forêt sur le régime des eaux a été singulièrement exagérée. Par contre, il y a unanimité à reconnaître l'action favorable très marquée que les bois exercent au point de vue géologique en consolidant les terrains en pente, en arrêtant la désagrégation des montagnes, et, par suite, en diminuant l'alluvionnement des cours d'eau.

M. Lauda conclut : « Si, maintenant, le jugement définitif au sujet de l'influence de la forêt sur le régime des cours d'eau est défavorable à la forêt, en ce sens qu'on lui conteste certaines des propriétés qui lui sont attribuées d'une manière générale, il ne s'ensuit pas qu'il faille se prononcer contre le reboisement des surfaces arides, contre la replantation des sources ou contre l'entretien des plantations forestières. »

11

« L'utilité de la forêt, en général, de même que la qualité précieuse qu'elle possède de protéger le sol contre les glissements, paraissent d'autant plus justifiées qu'elle retient en même temps les éboulis, et ses avantages au point de vue de la diminution des matières charriées par les cours d'eau, notamment dans le bassin des sources, sont si importants, que cette raison seule peut motiver l'entretien le plus actif possible de la culture forestière. »

Tout ceci ne prouve-t-il pas, une fois de plus, que les observations ou les recherches précises, faites avec soin, poursuivies avec ténacité, pourront seules nous dévoiler l'action réelle ou le *modus operandi* des phénomènes naturels?

TABLE DES MATIÈRES.

physiographie, et les faits animés, *ontographie*. — Monts Tian-Shan. — Acclimatation végétale et animale. — La zone bordière des montagnes. — Le désert. — Le Lob-Nor, lac migrateur. — Dans le désert de Takla-Makan. — Caravane en péril. — Raid extraordinaire d'un mahométan. — La dépression de Turfan. — Climat exceptionnel. — Les découvertes archéologiques.